El poder de la
BENDICIÓN

KERRY
KIRKWOOD

CASA
CREACIÓN

La mayoría de los productos de Casa Creación están disponibles a un precio con descuento en cantidades de mayoreo para promociones de ventas, ofertas especiales, levantar fondos y atender necesidades educativas. Para más información, escriba a Casa Creación, 600 Rinehart Road, Lake Mary, Florida, 32746; o llame al teléfono (407) 333-7117 en Estados Unidos.

El poder de la bendición por Kerry Kirkwood
Publicado por Casa Creación
Una compañía de Charisma Media
600 Rinehart Road
Lake Mary, Florida 32746
www.casacreacion.com

Originally published in the USA by:

D Destiny Image®

Shippensburg, PA
under the title:
The Power of Blessing by Kerry Kirkwood
Copyright © 2010 – Kerry Kirkwood – USA

Visite la página web del autor: www.kerrykirkwood.com

Traducido por: Belmonte Traductores
Director de diseño: Bill Johnson

Library of Congress Control Number: 2012935944
ISBN: 978-1-61638-790-7
E-book ISBN: 978-1-61638-807-2

Impreso en los Estados Unidos de América
12 13 14 15 16 * 7 6 5 4 3 2 1

RECONOCIMIENTOS

POCO ME IMAGINABA yo que lo que comenzó como un sermón aleatorio un domingo en la mañana se convertiría en un mensaje para toda la vida. Este mensaje que ahora llamamos *El poder de la bendición* ha sido forjado no sólo en mi propia vida, sino también en las vidas de innumerables iglesias en todo el mundo. La pregunta comenzó de manera muy sutil. Más personas de las que pudiera yo contar me preguntaban: "¿Tiene este mensaje en un libro?". Yo descartaba la idea con una risa a medias, pensando que no había manera en que yo pudiera escribir un libro.

La realidad de este libro se ha debido en gran parte al ánimo de mi compañera de vida y esposa Diane, quien ha practicado la vida de bendición y me ha recordado que haga lo mismo. Agradecemos a nuestros cuatro hijos, Casey, Kevin, Dristen y Kara, el haber sido el campo de pruebas de este experimento de declarar bendición. Todos ellos han experimentado el favor de Dios como consecuencia.

Doy gracias a Dios por amigos oportunos como Ron Simpkins, cuya amable presión me animó a dar los primeros pasos para llevar este mensaje a una plataforma mayor. Fue mediante Ron como me presentaron a Loua Clair, quien tomó las enseñanzas sin editar en un CD y puso este mensaje por escrito con gran paciencia y un esfuerzo minucioso. Gracias, Loua, por hacer de catalizador en este libro y juntar todas las partes en un todo. Muchas personas que vendrán después podrán disfrutar de tus habilidades creativas durante años.

En mi camino de descubrimiento está la congregación de Trinity Fellowship Church en Tyler, Texas, a la cual he tenido el placer de servir por veintidós años. Fue su hambre y su respuesta positiva lo que me hizo continuar buscando el poder que estaba encerrado en la bendición. Ustedes sacaron de mí profundidades que estaban por descubrir.

Les debo mucho a los pastores de Trinity Fellowship. Este equipo de pastores dedicados, Duane Hett, Jim Hahn, Harold Vincent y Leah Brown, ha hecho mucho más que cumplir con su trabajo. Me han dado la libertad de ir más allá de lo convencional.

Tengo el privilegio de servir con gran cariño y gozo junto al pastor Olen Griffing, quien ha sido pieza clave en el desarrollo de un corazón de adoración profético en mí. Su integridad ha sido una roca en la que he podido comprobar mi propio corazón mientras ponía en práctica estos principios. Su liderazgo como apóstol sobre la red de iglesias Antioch Oasis Network ha sido de un valor incalculable. A Dick y Sue Bontke, gracias por los continuos empujes para que llevara el mensaje de la bendición a las naciones. Su amistad ha sido refrescante para Diane y para mí. Gracias a todos los pastores de Antioch Oasis; he disfrutado mucho compartiendo *El poder de la bendición* en sus congregaciones. Ustedes han sido una fuente de ánimo para terminar, y terminar bien. Que tengamos muchos más años explorando juntos las profundidades de nuestro Dios.

A mi buen amigo Cleddie Keith, que ha sido una abundante fuente de afirmación para mí. Gracias, Cleddie, por tu ánimo para que fuera más allá de la superficie y me adentrara en las profundidades del Espíritu.

ENDOSOS

Como ávido lector que soy, me encanta leer libros. Aunque mi nivel de disfrute varía, siempre obtengo algo valioso de cada libro. Raras veces leo un libro que me cueste dejar de leer... *El poder de la bendición* es uno de esos libros. Este es un libro "obligatorio" tanto para creyentes como para no creyentes igualmente si se tiene el deseo de vivir una vida llena de gozo.

—Olen Griffing
Pastor principal de la iglesia Shady Grove
Grand Prairie, Texas

No cabe duda de que habrá algunas personas que tomarán este libro, leerán la portada y dirán: "Ya conozco esta enseñanza; es más de lo mismo". Pero estarán lejos de la verdad. La primera vez que oí a Kerry Kirkwood enseñar me di cuenta de que era un hombre al que Dios le había confiado una verdad transformadora. Le rogué que escribiera un libro para beneficio de las familias y quienes tienen ministerios en el mundo laboral. Si pudiera vivir otros cien años, este libro se quedaría en mi biblioteca. Será un libro que leerá usted una y otra vez; será un libro que prestará a familiares y amigos. Verá que acude en busca del libro para consultarlo. Es un libro que no tiene desperdicio. Creo que estamos viviendo en unos tiempos en que tenemos tendencia a buscar el significado único de verdades que ya hemos oído. Al hacerlo, nos cerramos a futuras revelaciones. Este es uno de los libros más oportunos que jamás haya tenido en mis manos; es un libro escrito por un hombre de Dios al que le ha llegado su momento. Los hombres y las mujeres fieles pasarán este libro a hombres y mujeres fieles.

—Cleddie Keith
Pastor principal de Heritage Fellowship
Florence, Kentucky

Es raro, extremadamente raro, recibir un mensaje vivo y activo a través de un libro que te cambie la vida. En sus manos tiene ese mensaje transformador por el cual vivir. La verdad que nos hace libres es la verdad aplicada al diario vivir. Mi amigo, el pastor Kerry Kirkwood, es una "fuente" de la que fluye revelación sobrenatural, y *El poder de la bendición* está renovando mentes y transformando corazones por toda nuestra nación. A medida que el Cuerpo de Cristo active las palabras de "Bendición" dadas de forma divina, el principio relacional produce el cumplimiento de la oración de Jesús como sumo sacerdote de que "debemos ser uno" en unidad. Vivir el mensaje de *El poder de la bendición* no es nada menos que *asombroso*. ¡Realmente es de lectura obligada!

—JOHN H. PARKS
PASTOR PRINCIPAL DE LA IGLESIA FREEDOM FELLOWSHIP
DIRECTOR REGIONAL DE ANTIOCH OASIS INTERNACIONAL
MAGNOLIA, TEXAS

El pastor Kerry Kirkwood ha comunicado magistralmente estas verdades eternas en términos modernos. Con autoridad y humor, *El poder de la bendición* entrega exactamente lo que promete: el claro entendimiento de lo que realmente significa "bendecir". El claro testimonio de cómo estos principios han funcionado en las vidas de muchas personas. La clara instrucción de cómo aplicar *El poder de la bendición* a nuestra vida cotidiana. Lo considero un libro de lectura obligatoria para cada miembro de nuestra congregación.

—STEPHEN LEBLANC
PASTOR PRINCIPAL DE LA IGLESIA LAKE COUNTRY
FORTH WORTH, TEXAS

ÍNDICE

PARTE IV:
La manifestación de la bendición

INTRODUCCIÓN

CONTABAN HISTORIA TRAS historia, testimonio tras testimonio de cambios drásticos en las vidas y situaciones de personas. Había sanidad de enfermedades físicas, reconciliación en las relaciones y logros empresariales, por nombrar algunas cosas. Esperanzas perdidas, sueños olvidados, y oraciones abandonadas por "no respondidas" ahora se realizaban, se cumplían y eran respondidas. Estas personas no sólo escucharon acerca del poder de la bendición, sino que lo pusieron en práctica. He visto de primera mano muchos cambios en mi propia familia y amigos como resultado directo de aprender el poder de Dios en la bendición. No es mera teoría, pues lo he visto funcionar y he invertido en ello. Ahora más que nunca, estoy convencido de la verdad de que Dios desea bendecir al hombre, pero desea incluso más que nosotros bendigamos al hombre.

Encontrarme con Thomas fue una de esas raras ocasiones en las que uno sabe que el Espíritu Santo te ha puesto de frente con algo grande. Thomas es un hombre corpulento, pero lo que ocurriría en las semanas sucesivas sería más grande que nosotros dos.

Iba yo de camino al santuario, mi lugar habitual de oración, cuando observé que un hombre abandonaba su automóvil y se dirigía a la entrada principal. Esa entrada estaba cerrada a esas horas de la mañana. El recepcionista me dijo: "Vaya a su oración, que yo me ocuparé de él". Al entrar al santuario, sentí el tirón del Espíritu Santo en mi corazón. Tuve la impresión de que el Espíritu Santo había enviado a ese hombre para verme a mí. Le saludé y me dijo que había venido para venderme un terreno que había junto a la iglesia. Era un terreno que realmente necesitábamos. Le respondí diciendo que no nos meteríamos en una deuda por comprar un terreno en ese momento.

Me respondió: "Le daré facilidades de pago".

De ahí, cambió por completo de asunto. Me dijo que había sido pastor en cierta ocasión, pero le pidieron que dejara la iglesia debido a que se había hecho millonario con empresas de yacimientos petrolíferos. Ellos querían un pastor a tiempo completo que no tuviera otros intereses. Su enojo comenzó a aflorar cuando me contó que hacía algún tiempo se había quedado sin su hija adulta. Ella se había ido de casa y su dinero de nuevo se convirtió en la ruptura. De ahí, Thomas me habló de su joven socio al que había formado y le había dado la sociedad plena. Su joven socio estaba intentando darle una puñalada por la espalda con otros clientes y hacerse con toda la empresa. Por si eso fuera poco, habló de un hombre que intentó romper su matrimonio años atrás.

Al principio me sorprendió que ese total desconocido me estuvieran contando toda la historia de su vida. No se necesitaba mucho discernimiento para detectar la lenta ola de ira que brotaba dentro de él. Le dije: "Thomas, lo único que está usted haciendo es maldecir a su familia y su empresa".

De algún modo se quedó perplejo y respondió: "He ido al instituto bíblico y sé lo que es hablar con malas palabras, y yo no estoy diciendo malas palabras".

Sonreí debido a su mal entendimiento de lo que es "maldecir", y le dije: "No dije que usara malas palabras; me estoy refiriendo a *maldecir*".

Para terminar nuestra conversación, fui a nuestra librería y le di un par de CD sobre el poder de la bendición. Él me dijo que los oiría. Pensé para mí que ese sería el final de nuestro breve encuentro. En las próximas veinticuatro horas, me volvió a llamar y me dijo: "Predicador, funciona. Realmente funciona".

Le pedí que se explicara, y me dijo: "Puse un CD y lo escuché de camino a mi trabajo". Siguió diciendo: "Comencé a hacer eso de bendecir, y la noche siguiente mi hija me llamó diciendo que quería volver a casa". Ella le dijo que había tenido un sueño, y que en él una voz le dijo: "Llama a tu papá y arrepiéntete con él y regresa a casa".

Él se sorprendió tanto por los rápidos resultados que decidió hacer lo mismo con su socio. De nuevo, en un par de días el joven regresó a la oficina de Thomas y le pidió perdón por su actitud desagradecida, y confesó la conspiración. Estaba viendo cambios directos relacionados con dejar de maldecir y empezar a bendecir.

La verdadera prueba resultaría difícil. "¿Cómo puedo bendecir al hombre que intentó romper mi hogar?". Él sabía que era la voluntad de Dios que le bendijera, porque Jesús había muerto por todos los pecados. Comenzó de algún modo con la voz entrecortada, pero pronto captó el corazón del Señor. Contaba cómo comenzó a sentir la miseria de un hombre que podía hacer una cosa así, y poco después se llenó de compasión. Incluso dijo: "Si pudiera encontrar a ese hombre, en lugar de querer matarle le daría una ofrenda para mostrarle mi perdón".

Durante los meses siguientes, Thomas llamaba y me daba nuevos informes del favor del Señor. La bendición final llegó después. Thomas me llamó, un tanto exaltado y un poco perplejo, y me dijo: "Kerry, ¿se acuerda del día que fui a verle e intenté venderle el terreno que hay al lado de la iglesia?".

Le respondí: "Claro que me acuerdo. Como si fuera ayer".

Me dijo: "Pues bien, me he pasado de pie la mitad de la noche luchando con Dios por ese terreno. Dios me dijo que tenía que donar ese terreno a su iglesia, y tengo que hacerlo rápidamente".

¡Vaya! Hemos dado la vuelta al círculo, de ver esta increíble historia de Thomas recibiendo bendiciones, y ahora él nos bendice con el terreno que necesitábamos para construir el centro de retiros que habíamos planeado durante tantos años.

En las páginas de este libro descubrirá varios aspectos de la bendición. La mayoría de nosotros normalmente pensamos en la bendición en el ámbito materialista. Pero es más que eso. Se trata de un estilo de vida de bendecir que produce cambios en el corazón tanto de las personas a las que bendecimos como en los nuestros. La bendición a la que me refiero va más en la línea de la declaración profética. La bendición, entendida desde la perspectiva del Creador del Universo, es creativa y restauradora. Podemos ver claramente en las Escrituras que nuestro Padre celestial es el Dios redentor que se deleita llevando las cosas de nuevo a su orden divino. Al aprender a bendecir, podemos participar en este proceso redentor. Creyentes de todos los tiempos han descubierto el poder de bendecir. Quizá no lo hayan articulado del mismo modo, pero vieron el poder que tiene la bendición. Aunque el estilo de vida de la bendición puede ser contrario a la naturaleza humana, está mucho más en consonancia con la naturaleza divina de Dios.

Este libro pretende ser práctico en la aplicación. El lector podrá cambiar su perspectiva de la vida misma y de la forma de ver a los demás. *"Y conoceréis la verdad, y la verdad os hará libres"* (Juan 8:32). La realidad de este versículo es que *la única verdad que nos hará libres no es la verdad que oímos, sino la que aplicamos.* El tema de la Verdad será una parte estratégica de este libro.

La Verdad en la Escritura es distinta a lo que la mayoría de nosotros llamaríamos verdad. La persona promedio probablemente definiría verdad como una información correcta. La definición bíblica está más en consonancia con la realidad desde la perspectiva de Dios. Jesús se describió a sí mismo como el *Camino,* la *Verdad* y la *Vida.* Podemos deducir que la Verdad es una observación desde el punto de vista de Cristo.

Cuando los doce espías entraron en la tierra de Canaán para llevar un informe de la Tierra Prometida, regresaron con varias perspectivas de lo que vieron. Informaron a Moisés que la tierra era tal y como Dios había prometido. Había casas que ellos no habían construido, viñas que no habían plantado, y pozos que no habían cavado. Diez de los espías informaron que los hijos de Anac estaban allí, y que eran gigantes. Los diez se refirieron a sí mismos como langostas comparados con los gigantes. Los otros dos espías, Josué y Caleb, informaron acerca de la misma visión de la tierra, salvo que la vieron como la Verdad que Dios había dicho, mientras que los otros dijeron lo que vieron sólo mediante los hechos.

Los hechos son las cosas que aparecen en lo natural, pero la

Verdad es la forma en que aparecen las cosas a través de los ojos de Dios. Uno de los principales puntos de este libro es el contraste entre hechos y verdad. A veces las cosas pueden ser fácticas pero no necesariamente verídicas. Dios les dijo a los israelitas que la tierra era de ellos. Los que vieron la tierra mediante la verdad finalmente pudieron heredarla. Los diez que vieron la promesa de Dios sólo mediante hechos circunstanciales murieron sin entrar en el reposo de su herencia. A veces, bendecir parecerá un hecho imposible, pero mediante la verdad, la bendición heredará el favor de Dios.

Al leer estas páginas, espero que usted vea la importancia de que los hijos reciban la bendición de sus padres. El destino, en muchos casos, está conectado directamente con el entorno, ya sea el de la bendición o el de la maldición.

Mi oración es que, a medida que lea este libro, el Espíritu Santo le dé entendimiento de esta capacidad dada por Dios para bendecir y le capacite para vivir esta verdad en cada aspecto de su vida.

PARTE I

---·❖·---

La revelación de la
BENDICIÓN

CAPÍTULO UNO

❦

¡BUEN TRABAJO DE PINTURA!

M ARCUS ERA UN trabajador promedio que, la mayoría de las veces, era callado por naturaleza. No tenía mucho éxito con las relaciones, con numerosas relaciones distantes y dos fracasos matrimoniales. Pero su oficio era pintor de casas, y eso lo hacía bien.

Una vez, estábamos hablando y le pregunté: "Marcus, ¿qué te hizo decidir ser pintor de casas?".

Sorprendentemente, su respuesta fue rotunda, me contó la historia como si fuera parte de su diario. Me dijo: "Mi padre era un vendedor que viajaba la mayor parte del tiempo, y solamente estaba en casa los fines de semana. Cuando llegaba a casa, era cuando me decía todos los errores que yo había cometido la semana previa y las instrucciones para corregirlos. Parecía que nada de lo que yo hacía lograba obtener su aprobación. Su dura crítica pesaba mucho sobre mí la mayor parte del tiempo. Pero un fin de semana marcó mi destino para el resto de mi vida. Había construido una casita para los pájaros, y la estaba terminando de pintar cuando entró mi padre. Me miró, echó un vistazo a la casita de los pájaros, y dijo: '¡Buen trabajo de pintura!'. Sus palabras de bendición y aprobación me dieron un nivel de confianza que nunca antes había recibido de él. Eso me llevó a creer que podía pintar casas y obtener un salario". ¡Eso sí que es seguridad!

Pero no todos tenemos un momento en que "se nos enciende una bombilla" como a Marcus, en donde en un instante, estamos seguros de nuestra dirección en la vida. La mayoría de nosotros tendremos una acumulación de palabras o verdades penetrantes (ya sean depósitos internos o un curso externo) que moldeará nuestra vida y nos dirigirá hacia una carrera o hacia la falta de una. Un padre, un amigo íntimo o un familiar pueden tener un gran impacto en nuestra formación. El impacto de esas experiencias variará en grado, dependiendo del peso de la relación. Incluso así, conocer nuestro llamado y destino puede ser una lucha. Es una lucha tal que muchos pasan por la vida sin tan siquiera saber por qué están aquí.

Hay un llamado mayor que cualquier profesión que escojamos. Es incluso mayor que ser llamado a ser apóstol, profeta, evangelista, pastor, maestro o cualquier otro don espiritual. Las cartas de Pedro aclaran este llamado.

*Finalmente, sed todos de un mismo sentir, compasivos, amándoos fraternalmente, **misericordiosos, amigables; no devolviendo mal por mal, ni maldición por maldición, sino por el contrario, bendiciendo, sabiendo que fuisteis llamados para que heredaseis bendición** (1 Pedro 3:8-9).*

Sencillo y sin complicaciones, pero lleno de expectativa. Somos llamados a bendecir y recibir la bendición. Descubrir el poder que hay en la bendición abrirá un mundo totalmente nuevo de pensamiento y vivencia. La bendición y su antónimo, la maldición, establecerán un camino para nosotros sin que seamos totalmente conscientes de ello.

La palabra "llamados" (*kaleo*) es una palabra fuerte que tiene el mismo significado que escoger el nombre de una persona.[1] Es similar a preguntarle al padre de un recién nacido: "¿Cómo le vas a llamar?". Ponemos nombres a los niños con el propósito de darles distinción e identificación. En muchas culturas, el nombre es profético del futuro del niño. Nombrar e incluso apodar a los niños es marcarles en fe. Básicamente les estamos diciendo: "Este es tu destino y quien eres", o "Este es el valor de tu vida". El nombre que Dios le dio a Jesús es un nombre con *llamado*.

> *Por lo cual Dios también le exaltó hasta lo sumo, y le dio un nombre que es sobre todo nombre, para que en el nombre de Jesús se doble toda rodilla de los que están en los cielos, y en la tierra, y debajo de la tierra* (Filipenses 2:9-10).

Jesús fue nombrado y marcado con el propósito de bendecir y para la defensa de los malditos. Se convirtió en el Salvador de la creación de Dios de la maldición.

HABLANDO CLARO

"¡Que Dios le bendiga!".

La gente lo dice continuamente y piensa que eso es bendecir a alguien. En realidad no lo es. Se trata de algo más que eso. Decir: "Que Dios le bendiga" se ha convertido en un saludo tan común o en un relleno espiritual para cualquier ocasión que el poder de la bendición se ha perdido quedándose escondido. La bendición no es algo unidimensional, como la acumulación de bienes materiales. Que alguien diga: "He sido bendecido con una casa grande o un automóvil" es reconocer sólo una dimensión, pero la bendición no tiene sólo una dirección en la que nosotros somos únicamente los recipientes. Otra dirección de la bendición está velada del observador casual. "Bendición" en la Biblia es una de esas palabras que está llena de significado, como la palabra "paz" o "gracia", dependiendo de cómo se use.

Más que un simple formalismo, la bendición tiene el poder de cambiar nuestras vidas y convertirnos en personas que bendicen. Regresemos al Antiguo Testamento, donde la palabra "bendición" está derivada de la palabra hebrea *barak*. Significa simplemente:

"proclamar la intención de Dios" y "estar contento con el lugar en el que uno se encuentra".[2] En el Nuevo Testamento se usa la palabra *eulogia,* de la que obtenemos la palabra "elogio". *Eulogia* significa "hablar bien de", o "declarar la intención o el favor de Dios sobre alguien".[3] Tanto los elogios como las bendiciones son cosas hechas a medida.

Una verdadera bendición declarada sobre alguien o algo describe la forma en que Dios ve a esa persona. Es una perspectiva profética para ver la manera en que alguien o algo debe ser, no como puedan parecer en ese momento. Por tanto, cuando hablamos de bendecir a alguien, estamos diciendo proféticamente: "Que el Señor le dé todo lo que tenga planeado para usted", o: "Que todas las expectativas de Dios para usted se cumplan en su vida". Y sabemos que las intenciones de Dios para las personas son buenas. Visite por un instante Jeremías 29:11, o vuelva a leer los primeros capítulos de Génesis, y encontrará el corazón de Dios hacia nosotros, su creación.

Cuando declaramos bendiciones sobre nuestros hijos como hizo Jacob, estamos diciendo cómo debería ser su vida (véase Génesis 49:1-28). Jacob no estaba declarando la condición de sus hijos en esos momentos, sino la que tendrían. Si sigue a los hijos de Jacob por las Escrituras, es obvio que siguieron el camino profético de la bendición de su padre. La idea de bendecir no tiene nada que ver con si lo estamos viviendo o no en ese preciso instante. Entender esta verdad elimina nuestra tendencia a actuar como un juez o un jurado para ver si alguien se merece o no la bendición.

Las intenciones de Dios no dependen de si el receptor tiene la actitud correcta o no. No tiene nada que ver con cómo sentimos y sí tiene mucho que ver con cómo Dios quiere que sean las cosas. Cuando declaramos las intenciones de Dios, liberamos su capacidad para cambiar las cosas de lo que son a su plan deseado. ¡Qué respuesta tan radicalmente diferente a lo que tendemos a hacer en lo natural! Tendemos a agrandar el problema sin declarar los planes que Dios tiene al respecto. No es de extrañar que nuestras oraciones tengan más una naturaleza de informe que declarar la solución. Somos buenos informando del diagnóstico médico, de las condiciones que rodean a una situación, y cosas parecidas. Desperdiciamos mucho tiempo cuando repetimos continuamente el desastre que ocurrirá si Dios no interviene en la situación. Miramos a la situación desde la perspectiva de Dios cuando miramos con los *ojos de la fe.*

EL FACTOR FE

Hablando de fe, revisemos Proverbios.

> *El hombre de verdad* **tendrá muchas** *bendiciones...*
> (Proverbios 28:20)

Normalmente interpretamos esto como que el hombre de verdad recibirá bendición, pero la estructura de la frase significa que un hombre de fe estará lleno de bendición. Estar "lleno de bendición" significa que la bendición está en nosotros para darla. La recibimos del Padre para poder repartirla. No podemos repartir lo que no tenemos, y si Dios dice que podemos bendecir, debe estar en nosotros para poder hacerlo. Lo mismo ocurre con el perdón. Al igual que la bendición, es un don que podemos dar o retener.

Es un principio espiritual. Todo lo que sembremos regresará en alguna medida. ¿Necesita misericordia de Dios? Entonces dé misericordia. ¿Quiere bendición? Libere la bendición. Pedirle a Dios bendición y después retenerla no dándosela a otros nos impide recibirla para nosotros mismos. Primera de Pedro 3:9 termina diciendo que no debemos devolver insulto por insulto. Para algunas personas, insultar es el pasatiempo nacional; parece que reciben vigor intercambiando insultos. Lo mismo ocurre con la maldición. Si damos insultos, recibimos insultos. Maldecir a la gente cuando estamos conduciendo provoca que estemos más tiempo en el atasco. O si estamos pidiendo que ocurra algo malo a alguien y nos alegramos cuando ocurre, no debería sorprendernos cuando nos encontremos en situaciones difíciles.

Al que acapara el grano, el pueblo lo maldecirá; pero bendición será sobre la cabeza del que lo vende (Proverbios 11:26).

¿Cual es aquí la idea? Si quiero bendiciones, tengo que desarrollar un estilo de vida en el que bendigo a otros. En Proverbios 28:20, *tener mucho* es un retrato de una reserva o almacén, y en muchos casos se refiere al agua. Hemos sido creados para ser una reserva de ánimo sustentador. Más adelante, en el capítulo tres, profundizaremos más en este concepto.

Una persona que está llena de fe tendrá la capacidad de bendecir continuamente. ¿Por qué? Convertirse en alguien que bendice es cuestión de fe, porque cuando bendecimos lo estamos haciendo mediante la fe. La naturaleza humana se resiste a bendecir a otros. Esto se complica aún más cuando nos encontramos con personas que continuamente reciben bendición y nunca la dan ¡Pero cuánto nos gusta estar cerca de los que bendicen! Afortunadamente, podemos vencer esa tendencia natural mirando a nuestro ejemplo perfecto: Jesucristo. Él bendijo a los recaudadores de impuestos y los pecadores a los que la sociedad menospreciaba e incluso los niños, que eran considerados menos importantes. Al ser una persona que bendecía, Jesús repelía todas las fuerzas demoniacas es que salían contra Él porque no había maldición en Él. Aunque personas le escupieron, le arrancaron su barba y le colgaron en la cruz, Él se negó a maldecir; en cambio, bendijo. Se movía hacia ellos en el espíritu opuesto.

Estar lleno de fe para bendecir viene de oír la Palabra de Dios.

Así que la fe es por el oír, y el oír, por la palabra de Dios... (Romanos 10:17).

Fe y creencia no es lo mismo. Las creencias se forman sobre la base del entrenamiento y la enseñanza que recibimos, y crean un cimiento o estructura de valores. La fe es el "ahora""y viene por el oír. Lo que oímos ahora produce fe, no lo que oímos hace veinte años, porque eso se puede desvanecer con el tiempo. La fe es conocer (dentro de nuestro espíritu en un momento en concreto) el deseo y la voluntad de Dios para alguien o algo. Es entonces cuando podremos movernos para alinearnos con la perspectiva de Dios. Conocer produce en nosotros una disposición a declarar los pensamientos del Señor para esa persona o situación. ¡Podemos conocer la voluntad de Dios para un individuo o situación sin estar de rodillas en oración durante treinta minutos! Aunque los detalles del individuo no los conozcamos, sí sabemos la voluntad general de Dios mediante la Palabra escrita de Dios. La Palabra escrita se convierte en nuestro repertorio para bendecir. (Explicaré más en el capítulo seis). Esto elimina el preocuparnos por si estamos haciéndolo bien. Conocer la voluntad revelada de Dios crea confianza en oración de que Dios nos oye (véase Mateo 21:22).

No es extraño que el libro de Hebreos nos diga que es imposible agradar a Dios si no tenemos fe (véase Hebreos 11:6). La fe es ponerse de acuerdo con la perspectiva de Dios. Sin lugar a dudas, ver el potencial de alguna persona con los ojos de Dios hace que nos resulte más fácil bendecir. La fe es esencial para liberar el poder de la bendición.

BENDICIONES HEREDADAS

La herencia familiar de Martita estaba atada en disputa tras disputa. Era como el programa de televisión "The Family Feud" (La disputa familiar). La gran cantidad de terrenos no se podía vender debido a los grandes desacuerdos. Entre sus hermanos, la situación era muy complicada. La rivalidad había existido durante un largo período de tiempo; demasiado largo. Los abogados no podían ayudar a desembolsar el acuerdo. Nadie le había dicho a ella que recibir una herencia sería algo tan complicado y divisivo.

Martita escuchaba atentamente mientras yo enseñaba sobre el poder que había en la bendición. Obviamente, su familia lo necesitaba. A medida que la verdad acerca de la bendición iba calando en ella, Dios le mostró una imagen de una tela de araña que se había extendido y estaba enredando a sus hermanos. Era el momento de matar a la araña de la maldición y desenredar su tela alrededor de la herencia de su familia mediante la bendición. Así que comenzó a pensar en lo que el Señor le diría a su familia. Bendijo persistentemente a sus hermanos en discordia, incluso en medio de su resistencia a las intenciones de Dios para sus vidas e hijos. En pocos días se produjo la llamada. Estaban listos para llegar a un acuerdo. La bendición llevó a Martita de meses de sufrimiento y dolor a una resolución en cuestión de días.

Mediante la bendición podemos transmitir una herencia. La última parte de 1 Pedro 3:9 concluye: *"...sabiendo que fuisteis llamados para que heredaseis bendición".* Este versículo sugiere que mediante la bendición podemos entrar en nuestra herencia. Los padres pueden dejar a sus hijos un legado de bendición o de maldición. Creo que las herencias naturales y espirituales se retienen hasta que aprendemos a no pagar mal por mal o insulto por insulto. La bendición libera nuestra herencia.

Vemos esto en el caso de Esaú y Jacob. Esaú, como hijo mayor, tenía la bendición de la primogenitura.

> *Y guisó Jacob un potaje; y volviendo Esaú del campo, cansado, dijo a Jacob: Te ruego que me des a comer de ese guiso rojo, pues estoy muy cansado. Por tanto fue llamado su nombre Edom. Y Jacob respondió: Véndeme en este día tu primogenitura. Entonces dijo Esaú: He aquí yo me voy a morir; ¿para qué, pues, me servirá la primogenitura? Y dijo Jacob: Júramelo en este día. Y él le juró, y vendió a Jacob su primogenitura. Entonces Jacob dio a Esaú pan y del guisado de las lentejas; y él comió y bebió, y se levantó y se fue. Así menospreció Esaú la primogenitura* (Génesis 25:29-34).

En ese tiempo Jacob no había aprendido a bendecir. En vez de darle el potaje a su hermano, se lo vendió por su primogenitura. La respuesta de Esaú fue tan mala como el engaño de Jacob. No sólo menospreció la bendición heredada de su padre que le pertenecía, sino que también maldijo a su hermano Jacob. Después, encontramos en la Escritura que se usaron algunas palabras duras para describir esa fatídica transacción para Esaú.

*No sea que haya **algún fornicario, o profano**, como Esaú, que por una sola comida vendió su primogenitura. Porque ya sabéis que aun después, **deseando heredar la bendición**, fue desechado, y no hubo oportunidad para el arrepentimiento, aunque la procuró con lágrimas* (Hebreos 12:16-17).

Mediante ese hecho, Esaú reveló que no valoró su posición o primogenitura.

¿Y qué hay de este versículo?

Como está escrito: A Jacob amé, mas a Esaú aborrecí (Romanos 9:13).

¡Vaya! ¡Qué declaración tan fuerte! La palabra *aborrecí* aquí significa "estar rotundamente en contra". Dios aborrece ese espíritu que nos hace menospreciar el bendecir a otros.[4]

Al menospreciar su posición de nacimiento, Esaú la maldijo. Estuvo dispuesto a venderla por un guiso de potaje, y aunque se arrepintió y la buscó, no pudo encontrar la manera de restaurarlo. Fue engañado, porque en ese momento pensó que iba a morir y que no la necesitaría ¡Si se hubiera dado cuenta de que la primogenitura era una posición de bendición, poder y fortaleza!

Rechazar nuestro llamado a bendecir es menospreciar la bendición. La bendición nos capacita para ser parte de la herencia de quienes fueron bendecidos, como la bendición que está sobre Israel. Haber sido injertados como cristianos nos acerca esa bendición. Es como la adopción. No teníamos derecho a esa familia, pero ahora lo tenemos.

Bendecir es también una forma de adoración. Cuando decidimos bendecir estamos reconociendo que el punto de vista de Dios sobre alguien es mayor que nuestra propia opinión. De igual forma, bendecimos nuestra comida como una forma de reconocer que es un regalo de Dios. El Señor recibe el acto de la bendición como una declaración de su corazón. Eso se convierte en un destello de la naturaleza divina de nuestro Padre celestial para el mundo.

MANO ABIERTA

Dios nos bendice para que podamos bendecir. ¿No es eso lo que el Señor le dijo a Abraham?

*Pero Jehová había dicho a Abram: Vete de tu tierra y de tu parentela, y de la casa de tu padre, a la tierra que te mostraré. Y haré de ti una nación grande, **y te bendeciré, y engrandeceré tu nombre, y serás bendición. Bendeciré a los que te bendijeren**, y a los que te maldijeren maldeciré; y serán benditas en ti todas las familias de la tierra* (Génesis 12:1-3).

El Nuevo Testamento reveló a un hombre que tuvo la capacidad de bendecir pero no lo hizo.

Entonces vino uno y le dijo: Maestro bueno, ¿qué bien haré para tener la vida eterna? Él le dijo: ¿Por qué me llamas bueno? Ninguno hay bueno sino uno: Dios. Mas si quieres entrar en la vida, guarda los mandamientos. Le dijo: ¿Cuáles? Y Jesús dijo: No matarás. No adulterarás. No hurtarás. No dirás falso testimonio. Honra a tu padre y a tu madre; y, Amarás a tu prójimo como a ti mismo. El joven le dijo: Todo esto lo he guardado desde mi juventud. ¿Qué más me falta? Jesús le dijo: Si quieres ser perfecto, anda, vende lo que tienes, y dalo a los pobres, y tendrás tesoro en el cielo; y ven y sígueme. Oyendo el joven esta palabra, se fue triste, porque tenía muchas posesiones (Mateo 19:16-22).

La palabra "vender" aquí es la palabra *poleo*, que no significa deshacerse de todas sus posesiones,[5] significa "ir y hacer negocios y dar lo que se obtiene de ese negocio a los pobres". En otras palabras, dar lo que se recibe de su comercio o intercambio. Jesús sabía que el joven tenía la capacidad de bendecir a los pobres, pero este joven veía la riqueza como una manera de aumentar su propia influencia, no como algo para compartir. ¿Dar sus ganancias a los pobres? ¡Ni hablar! No podía hacerlo, así que se fue existe. Lo que él quería era la aprobación de Jesús, pero lo que consiguió fue el mandato de hacer algo que no quiso hacer.

El poder de la bendición actúa dentro de nosotros. Cuando no bendecimos, este poder se adormece. Nos convertimos en recipientes de la bendición. Podemos tener muchas cosas como el joven rico, pero no somos felices porque Dios nos diseñó para bendecir. Nuestra mayor alegría se produce cuando sembramos las intenciones de Dios. Cualquier insatisfacción con nuestro cuerpo, matrimonio, hijos o pastor se debe a que no les estamos bendiciendo. Al bendecir, recibimos la bondad de Dios hacia nosotros en su máxima capacidad, incluyendo larga vida y buenas relaciones. Nos convertimos en participantes o socios de las personas y cosas que bendecimos. El acto en sí también le da al Espíritu Santo un liderazgo aún más fuerte a través de nuestras vidas. Se convierte entonces en un estilo de vida de obediencia.

Si el destino de un pintor lo pudo dirigir el reconocimiento de su padre terrenal por un trabajo bien hecho, ¿cuánto más nuestro Padre celestial quiere reconocer las buenas cosas que tiene para nosotros? Entender nuestro llamado a ser personas que bendicen nos hace vivir una vidas con más propósito. Liberar la bendición nos acerca a nuestro destino, y nuestras vidas mostrarán patrones de plenitud y éxito. De este modo, podemos mostrar aún más al mundo el corazón generoso de Dios.

ORACIÓN

Padre, realmente quiero bendecir y ser una persona de bendición. Quiero caminar en el poder de tu Espíritu. Conozco cuál es el precio y no es demasiado difícil, ni está demasiado lejos. Está en mi boca. Señor, haz que me convierta en alguien que bendice en esta ciudad, así como dijiste que bendecías a Abraham para que pudiera ser bendición para todas las familias de la tierra. Padre, te pido de "toques mis labios", como dijo Isaías, con carbones encendidos del altar, para que me convierta en un vocero y hable como una persona llamada y enviada por Dios para bendecir.

Líbrame del mal y líbrame de maldecir por causa tuya, para que pueda entrar en la herencia que tú me has dado ya.

Capítulo dos

---✦---

Bendición contra maldición

¿Recuerda los días en que pensábamos que si Dios fuera lo suficientemente duro, la gente acudiría al Señor? He descubierto que eso nunca ha sido así.

Pero crecí escuchando a mi madre orar por mi padre de esta forma: "Señor, déjale colgar sobre las llamas para que pueda sentir el calor del infierno".

¡Y vaya si lo sintió, al igual que toda nuestra familia!

Así que un día le pregunté: "¿Por qué no oras para que la paz de Dios venga sobre él a fin de que todos podamos tener algo de paz?".

Gracias a Dios que finalmente lo hizo.

¿Qué hay de nuevo?

Mamá no lo sabía en aquel entonces, ni tampoco algunos cristianos. Pedirle a Dios que encienda fuego sobre alguien para que se arrepienta, muy pocas veces funciona. Dios defiende a los malditos bajo nuevo pacto. Este nuevo pacto va en contra de lo que a muchos cristianos les han enseñado.

Si maldecimos a alguien, Dios nos resistirá aunque la persona a la que estamos maldiciendo no sea una buena persona. La maldición nos pone en oposición directa a la razón por la que Jesús vino a morir.

Cristo nos redimió de la maldición de la ley, hecho por nosotros maldición (porque está escrito: Maldito todo el que es colgado en un madero) (Gálatas 3:13).

Cuando establecemos un patrón de maldecir o de hablar mal a otros, entonces Dios, por su propia naturaleza y justicia, defenderá a quien hemos maldecido. Entonces puede que nos encontremos oponiéndonos a Dios. ¿No es interesante? Si alguien le maldice, Dios le defenderá aunque no esté de acuerdo con lo que usted está haciendo.

Dios es un padre. Un padre no quiere que otras personas digan cosas malas de sus hijos o les hagan algo por cometer errores. Ahora bien, el padre del niño probablemente quiera hacer algo por sus errores, pero no quiere que usted lo haga. Como padre, usted defenderá a sus hijos al grado máximo. De la misma manera, Dios defenderá sus a los maldecidos, incluso contra un hermano.

Proclamar las buenas nuevas es afirmar lo que Jesús dijo. Él vino para liberar a las personas de su dolor y no para decirles lo mucho que han pecado.

*El Espíritu del Señor está sobre mí, por cuanto me ha ungido para dar buenas nuevas a los pobres; me ha enviado a sanar a los quebrantados de corazón; a **pregonar** libertad a los cautivos, y vista a los ciegos; a poner en libertad a los oprimidos* (Lucas 4:18).

La palabra "pregonar" en este versículo está dividida en dos palabras que significan avanzar, y un derecho a algo o reivindicar y pedir el reconocimiento de un derecho, título o posesión. Pregonar significa "hacer avanzar la reivindicación". En el versículo anterior, significa proclamar la bondad y la misericordia de Dios y su favor en una situación. Bendecir es proclamar esta verdad y las intenciones de Dios sobre nuestras familias y todo lo que nos concierne.

Jesús cumplió Lucas 4:18. Su vida en la tierra fue para predicar las buenas nuevas, sanidad y libertad de los oprimidos. Él perdonó pecados. Incluso los pecados de la mujer que fue atrapada en el acto de adulterio y merecía el castigo según la ley (véase Juan 8:3-5; 7-11). Perdonarla no significó que Jesús estaba de acuerdo con su pecado. En cambio, detuvo la maldición sobre su vida diciéndole que se fuera y no pecase más. La misión de Jesús era salvar al mundo, no condenarlo; y con su vida, libró a la humanidad de la maldición. Fue una obra completa y suficiente.

LA MISMA VOZ

El profeta Amós escribió: *"¿Andarán dos juntos, si no estuvieren de acuerdo?"* (Amós 3:3). Estar de acuerdo con alguien es *yawad*, decir lo mismo o reunirse.[1] El acuerdo es fundamental en cualquier relación. Nuestra idea del acuerdo es que no podemos estar de acuerdo a menos que sintamos lo mismo, pero esa no es la idea que Dios tiene sobre el acuerdo. Su idea está en un plano superior. Estar de acuerdo con Dios es decir lo que Él está diciendo. Nosotros no tenemos que sentir lo mismo. El hecho de sentir lo mismo que otra persona siente no significa que estemos de acuerdo.

¿Entonces estoy siendo un hipócrita por bendecir a alguien cuando quiero que le ocurra algo malo? ¡Claro que no! No tengo que estar de acuerdo con lo que la otra persona está haciendo o con lo que yo estoy bendiciendo. Simplemente estoy poniéndome de acuerdo con Dios. Los sentimientos pueden cambiar, pero la Palabra de Dios nunca cambia. Bendecir es ponerse de acuerdo con la Palabra del Señor, y esa verdad permanece independientemente de nuestros sentimientos o situaciones.

He estado en conversaciones en las que alguien ha dicho: "Bueno, yo pienso que Dios haría esto".

Mi respuesta ha sido: "¿Qué dice la Palabra de Dios?".

Eso les desarmó, especialmente si no conocen lo que dice la Palabra de Dios. El punto es este: lo que yo pienso es válido, pero estar de acuerdo con lo que Dios está diciendo es más importante.

Estar de acuerdo con Dios es levantarse y declarar su voluntad "como en el cielo así también en la tierra". Eso es estar de su lado.

*Mas la hora viene, y ahora es, cuando los verdaderos adoradores adorarán al Padre en espíritu y en verdad; porque también el Padre tales adoradores busca que le **adoren*** (Juan 4:23).

La palabra *adorar* es muy similar a "bendecir". Como Dios está buscando verdaderos adoradores, podemos decir que también está buscando bendecidores. Busca bendecidores que bendigan el nombre del Señor y a quienes Él ha creado para que le adoren. Está buscando a personas sobre la tierra que declaren lo que Él está expresando en el cielo.

DESENMASCARAR MALDICIONES

La naturaleza caída del hombre tiende a oponerse a la bendición. Cuando Dios le preguntó por qué se escondía, la primera respuesta de Adán fue culpar a Eva, lo que en verdad era culpar a Dios por darle una mujer como ella. Eva, como respuesta, culpó de su pecado al diablo (véase Génesis 3:9-13). Nuestra naturaleza caída nos hace culpar a otros de nuestra condición.

O bien bendecimos, o maldecimos; no hay terreno neutral. Dios es el Bendecidor y el diablo es el maldecidor, el "acusador de nuestros hermanos".

*Entonces oí una gran voz en el cielo, que decía: Ahora ha venido la salvación, el poder, y el reino de nuestro Dios, y la autoridad de su Cristo; porque ha sido lanzado fuera el **acusador de nuestros hermanos**, el que los acusaba delante de nuestro Dios día y noche* (Apocalipsis 12:10).

Las maldiciones no se limitan sólo a decir malas palabras a las personas. Lo siguiente se considera maldición.

Las acusaciones son una maldición. La mayoría de las personas no quieren pecar. La razón por la que la mayoría de las personas lo hacen es debido a que están bajo una maldición y sus ojos están cegados, pero es posible que alguien bajo acusaciones constantes llegue a un punto en el que comience a estar de acuerdo con las acusaciones. Ponerse de acuerdo con las acusaciones es un síntoma de ceder al pecado. Muchas personas me han dicho que como les acusaron de algo toda su vida, bien podrían llegar a hacerlo. Al ponerse de acuerdo y funcionar bajo las acusaciones, a cambio comienzan a acusar a otros, y una maldición se convierte en parte de sus vidas.

Retener el corazón y la intención de Dios para alguien es también una maldición. Las acciones negativas de una persona o su actitud hacia nosotros no es una excusa (no importa lo justificados que nos sintamos al respecto) para negarles la bendición. Podemos hacer nuestro su espíritu reteniendo cualquier afecto, bendición o amor que les debemos. Así, cuando el esposo retiene bendiciones a su esposa, sus oraciones pueden ser literalmente obstaculizadas.

Vosotros, maridos, igualmente, vivid con ellas sabiamente, dando honor a la mujer como a vaso más frágil, y como a coherederas de la gracia de la vida, para que vuestras oraciones no tengan estorbo (1 Pedro 3:7).

Esto no le da permiso a una mujer para usar ese versículo contra su esposo. Dios pone un gran valor en nuestro trato y actitud los unos con los otros, especialmente en nuestra propia casa.

También es una maldición decir cosas contrarias a la voluntad o la intención de Dios para alguien. A fin de cuentas, es nuestra opinión contra la de Dios. Por eso, decirle a alguien que nunca conseguirá nada o recordarle sus fracasos son hechos que entran en la categoría de maldición. Aunque podamos estar orgullosos de tener una opinión acerca de todo, este hábito nos hace estar de acuerdo con el acusador. Opinar de todo es un hábito difícil de dejar.

Como ve, es posible vivir una vida mediocre al maldecir a las personas. Sin embargo, la vida de gozo y bendición está reservada para los que bendicen. Maldecir revela que el corazón está lleno de amargura y resentimiento, los cuales fluirán de nuestra boca. Quizá nunca pronostiquemos sobre alguien, pero ciertamente podemos maldecirle con estos tipos de palabras y actitudes. La verdad del asunto es que la maldición nos afecta más a nosotros que la persona maldecida. ¿Alguna vez ha oído algún uso de esta forma de expresión? "Te diré algo, si alguna vez tienen un problema, no seré yo el que mueva un dedo para ayudarles, pero no voy a decir nada malo contra ellos". Desgraciadamente, la naturaleza caída del hombre tiende a maldecir o decir cosas malas contra quienes nos lo hicieron a nosotros. ¿Alguna vez ha oído a gente decir: "Puedo echarles una bronca en un segundo"? Y quizá se vayan de allí sintiéndose bien y pensando: "Vaya, les he regañado", pero en ese momento se mostraron de acuerdo con la maldición. Puede que ganemos una batalla de palabras pero perdemos la guerra de vivir en el favor del Señor.

Las maldiciones no llegan sin una causa (véase Proverbios 26:2). La sangre de Jesús es nuestra cobertura. Aun así, hay ciertas cosas que pueden abrir la puerta a una maldición. El temor es una de ellas. El temor es una pista evidente para el enemigo de una caída, y permite una maldición. Las heridas emocionales severas es otra, como las heridas por violaciones extremas como el acoso sexual, violación e incesto. Ponerse de acuerdo con las acusaciones y tener fe en ellas son también invitaciones para una maldición. Meditando las mentiras, podemos engañar literalmente a nuestro espíritu y permitir que se arraigue una maldición. Las maldiciones se extienden como los rumores: alguien se pone de acuerdo y cree esa mentira. Los que consienten la maldición han construido un terreno especial para que las maldiciones aterricen y edifiquen fortalezas.

Menospreciar las declaraciones proféticas es otra entrada para las maldiciones. Este camino a menudo se pasa por alto. No profetizamos para poder decir que somos proféticos. La profecía se trata de bendecir a las personas. Para nosotros, menospreciar una bendición profética como Esaú menospreció su primogenitura es menospreciar la bendición del Señor. No me refiero a ese tipo de supuesta profecía que no edifica ni declarar corazón de Cristo por su Novia.

Cuando maldecimos a otros, nos alineamos con el acusador. A veces eso se manifiesta en la reducción de nuestra cuenta bancaria o las dificultades en nuestras relaciones y en una falta de favor general sobre nuestras vidas. Sentirse rechazado constantemente u ofenderse fácilmente también pueden ser un síntoma de una maldición habitual que está fluyendo a través de nosotros. Quizá estemos maldiciendo de manera inconsciente a nuestro cónyuge, hijo, jefe o persona en autoridad, por ejemplo.

Muchos de nosotros suponemos que Dios siente lo mismo que nosotros. Nos gusta creer que Dios piensa como nosotros pensamos. Si no nos gusta, entonces tampoco le debe de gustar a Dios. Josué, el sucesor de Moisés, tuvo esta misma perspectiva.

Estando Josué cerca de Jericó, alzó sus ojos y vio un varón que estaba delante de él, el cual tenía una espada desenvainada en su mano. Y Josué, yendo hacia él, le dijo: ¿Eres de los nuestros, o de nuestros enemigos? Él respondió: No; mas como Príncipe del ejército de Jehová he venido ahora (Josué 5:13-14).

Josué quería saber de qué lado estaba la espada del ángel. El ángel dijo que de ninguno, sino que estaba del lado del Señor, que representaba la justicia y la bendición del Señor.

El asunto de la bendición no se trata de si estamos de acuerdo con alguien sobre la manera de hacer las cosas. Dios no es ni demócrata ni republicano. No nos está diciendo que nos quedemos al margen del asunto, sino que nos llama a bendecir y no a maldecir.

Hace algún tiempo, mi esposa Diane y yo estábamos en Francia ministrando en un retiro de liderazgo. Mientras disfrutamos del descanso para el almuerzo, un señor francés de mediana edad se sentó enfrente de nosotros y comenzó una conversación informal en un buen inglés. Enseguida quiso saber por qué Estados Unidos no hacían más para resolver "el calentamiento global". Era obvio que quería llevarme a un debate y sacarme de mi lugar de descanso. Se quedó desarmado cuando sus insultos sobre mi país se encontraron con la bendición que yo le devolví. Aunque estaba listo para defender a mi amado país con mis propias ideas políticas, tengo que darme cuenta de que Dios no es ni americano ni francés. Él es Dios de todo. A veces es difícil de entender por qué debemos bendecir cuando personas sin buenas intenciones hacen cosas terribles. La respuesta es muy simple: porque la naturaleza de Dios es bendecir y no maldecir ni entrar en maldición con otros que lo hacen. Bendecir no es cuestión de partidismos. Dios no está contra nosotros. Esto no quiere decir que debamos descuidar las posiciones de justicia, pero incluso en momentos en que la gente está claramente equivocada, podemos seguir diciéndoles. Bendecir se trata de ver lo que Dios quiere que pase, y no lo que está pasando en ese momento.

No se enrede en la hostilidad y la polarización que están ocurriendo en nuestra sociedad, donde no podemos comunicarnos con las personas porque no tienen la misma filiación que nosotros. Eso es exactamente lo que Satanás quiere: división y polarización. La bendición restaura la división e inyecta el espíritu de Cristo en la situación. Los medios de comunicación promueven el maldecir, ¡para deleite del diablo! No se deje arrastrar a esos diálogos, y en su lugar deje que un corazón profético muestre lo que Dios realmente quiere para esa situación. Cuando nuestros ojos están en Jesús, podemos interceder y bendecir a quienquiera que esté en autoridad en una nación. Queremos responder al llamado de orar y bendecir. De esta manera, podemos resistir el espíritu de confusión que ha venido sobre la nación y la Iglesia.

El diablo siempre quiere que nos pongamos de algún lado. Puede que veamos a personas que no están afiliadas con nuestro grupo o denominación y comencemos a quejarnos o actuar de manera egoísta. "Señor, ¡están profetizando! No son de los nuestros". "No hacen las reuniones como nosotros". "No creen lo mismo que nosotros". Ocurría lo mismo en tiempos de Moisés. Números 11 nos cuenta el relato de dos personas llamadas Eldad y Medad estaban profetizando en el campamento de Israel. Josué, un joven en ese momento, sugirió a Moisés que les frenara porque no eran parte del grupo reconocido. Moisés en su sabiduría le respondió a Josué:

"¿Tienes tú celos por mí?". Él dijo: *"Ojalá todo el pueblo de Jehová fuese profeta…"* (Números 11:29) ¡Que señal tan maravillosa de contemplar si todo el pueblo de Dios bendijera a aquellos con quienes se encuentra! Las presiones para ponernos de alguno de los lados llegan. Yo ya he experimentado algunas. Se han producido situaciones en que personas en mi vida me instaron a ponerme de un lado concreto. Mi negativa no hizo sino avivar su ira. ¿Cómo podía yo ser su amigo y no estar de su lado, maldiciendo a su ofensor? ¿De qué lado estaba yo? Como seguidor de Cristo, no tengo que escoger un lado u otro, sino que debo estar del lado de Dios. Quizá los amigos quieran que usted esté de su lado, pero un amigo de Dios está del lado de Dios. Como amigo, usted me necesita para ser bendición para usted y no para estar de su lado. Es posible estar en el lado equivocado. Algo que yo sé ahora es que el único lado al que Dios favorece es el lado que se compromete a bendecir.

Las personas se enojan con Dios por no recibir respuesta a sus oraciones o por sueños que no se han cumplido. Nunca piensan que Dios puede haber tenido el deseo de hacerlo, pero que la maldición ha retenido las respuestas que ellos han buscado. Recuerde 1 Pedro 3:7, que exhorta a los esposos y esposas a vivir de tal manera que sus oraciones no se vean obstaculizadas. Dios no contradice sus propios principios del Reino de bendecir y ser bendecido, maldecir y ser maldecido.

Conocer la voluntad revelada de Dios mediante su Palabra nos impide tropezar en la oscuridad cuando se trata de bendecir. Nuestro andar por un camino que se opone a Dios también se puede detener. Y merece la pena el giro de ciento ochenta grados que muchos daremos cuando veamos los beneficios de la bendición: el desarme de los acusadores, el cierre de la puerta al enemigo y el cumplimiento de la palabra de Dios.

ORACIÓN

Padre, vengo y me presento delante de ti como un instrumento de bendición. Quiero ser un oráculo, un vocero para bendecir. Señor, dame el vocabulario para que me aleje de estar presto a maldecir y hablar mal a personas, y en cambio las bendiga. Dame las palabras para bendecir a quienes ni siquiera conozco y para honrar a los mandatarios que has puesto en autoridad sobre mi vida.

Declaro gracia sobre mis hijos. Veo la situación no como insuperable o destructiva, sino que la veo con los ojos de la gracia. Veo lo que puede llegar a ser. Señor, ayúdame a no tener una mente estrecha y una mente tan cerrada que no me permita oírte. Espíritu del Señor, ayúdame en este instante. Llévame a un lugar de madurez, para que el poder que actúa dentro de mí no sea autodestructivo sino que proclame las bendiciones de otros para que yo también pueda ser bendecido.

PARTE II

---◆---

La inclusión de la
BENDICIÓN

CAPÍTULO TRES

LA NIÑA DE LOS OJOS DE DIOS

ÉL LA TENÍA; esa asombrosa capacidad de prever. Esta vez, la recompensa prometida era gloriosa. Aunque nadie le volviera a pagar por profetizar, estaba listo para seguir haciéndolo de por vida, deleitándose en ese lujo. Dios debía de estar realmente feliz con él. La cabeza de Balaam aún daba vueltas con esa buena fortuna mientras preparaba su burra para el viaje. Nunca vio que su nueva tarea fuera a suponer la muerte de su propio deseo de fama y riquezas. Ahora, ¿dónde estaba esa burra?

En otro lugar de la tierra un pueblo había acampado, ajeno al llamamiento del profeta pagano más reverenciado del momento, llamado a proclamar su destino. Habían viajado desde el lejano Egipto para tomar lo que les habían prometido: una tierra en la que fluyen cosas buenas. Con los ojos siempre puestos en esta promesa de Dios, sus corazones a menudo flaqueaban. Sin embargo, ellos se aferraban a la esperanza de que serían "la niña de los ojos" de Dios, y su destino no se encontraba muy distante.

Apartando su vista del campamento que tenía debajo, Balac no sonreía. Lo que vio hizo temblar su corazón. Una multitud esparcida en su patio trasero hasta donde su vista le permitía ver (véase Números 22:2-3). La fuerza militar y los números no eran la debilidad de ese pueblo. El hecho de tener a sus mujeres, niños y posesiones con ellos sólo parecía elevar su vigilancia para proteger a los suyos. Corrían rumores de que todo le salía bien a este pueblo, a menos, claro está, que su Dios se enojara con ellos. Bien, si en lo que confiaba ese pueblo era en lo sobrenatural, entonces él, Balac, podría sintonizar con la misma fuente para derrotarlos. Sintió un poco de calma al ver en la distancia señales de alivio. Balac intentó recordar su mensaje al profeta.

Ven pues, ahora, te ruego, maldíceme este pueblo, porque es más fuerte que yo; quizá yo pueda herirlo y echarlo de la tierra; pues yo sé que el que tú bendigas será bendito, y el que tú maldigas será maldito (Números 22:6).

Apenas si podía esperar la llegada del profeta. Pero el día siguiente no trajo buenas noticias para Balac. El terco profeta había rehusado acudir. Los ancianos le habían informado de que el profeta simplemente había dicho: "... *Jehová no me quiere dejar ir con vosotros*" (Números 22:13). ¿Sería una tapadera espiritual para decir que la tasa por la adivinación era demasiado baja, o quizá los mensajeros no eran lo suficientemente distinguidos? (véase Números 22:15). ¿No entendía Balaam que Balac tenía poder para honrar al profeta de formas inimaginables para él? (véase Números 22:37). ¡De ningún modo los moabitas se añadirían a la lista de naciones a las que los israelitas humillarían! Él necesitaba subir el precio y la distinción de los delegados. Esta vez, el adivino sería muy necio si no acudiera.

Balaam estaba perplejo. Dios había dicho no. Suena tristemente familiar, ¿verdad? ¿Acaso no quería Dios que él prosperase? Había visto tristemente cómo su riqueza se alejaba con el polvo de la mañana junto a los ancianos moabitas y madianitas. ¿Qué tenían de importantes para Dios unos esclavos que huían de Egipto? Dios no daba muchas explicaciones. Por ahora, tenía que contentarse con lo que Dios había dicho: "*No vayas con ellos, ni maldigas al pueblo, porque bendito es*" (Números 22:12). Todos hemos estado ahí: esos momentos en que Dios detiene en seco nuestros planes y proyectos. Desde nuestro punto de vista, todo el asunto parecía ser una bendición hasta que Dios pisó el freno. ¿O era una bendición?

El dilema del profeta estaba lejos de acabarse. Más adelante en el día, tuvo otra fiesta sorpresa madianita y moabita. ¡Qué suerte tan persistente! Y entonces el verdadero truco: Dios había accedido a dejarle ir, con la condición de que solamente dijera lo que Dios le había dicho que dijera (véase Número 22:20). ¿Qué dificultad tendría eso? Sería muy difícil, cuando consideramos el hecho de que Balaam tenía que escoger entre repetir los impulsos de Dios o decirle adiós a su dinero. Entonces tuvo una idea. Si Dios cambiase de idea con respecto a que él fuese, también podría cambiar de idea con respecto a otras cosas. Se preguntaba cuánta libertad de acción tendría.

Pero enseguida Balaam supo que Dios estaba en contra de que hiciera su viaje desde un principio. Comenzó cuando su fiel asna tomó un desvío por su propia cuenta. Consiguió hacer que el asna regresara a su camino original golpeándole, pero después aplastó el pie de Balaam contra la pared. ¿Y ahora qué? Siguieron más azotes, pero el asna se negaba a moverse y se echó al suelo. Lleno de frustración, Balaam comenzó a golpear al animal. Y entonces el asna comenzó a hablar. Sin tan siquiera pensar en este extraño fenómeno, el profeta comenzó a conversar con su asna.

Los ojos de Balaam fueron abiertos para que pudiera ver al ángel, y eso impidió que el profeta recibiera más humillación e impidió que Dios tuviera que escuchar a Balaam hablar con su asna. ¡El animal salvó al profeta de la muerte! Él se arrepintió ante el ángel. Este fue un puesto de control divino para Balaam. Dios se aseguró de que Balaam entendiera que para poder pasar por ahí, tenía que decir sólo las palabras y deseos de Dios, y no los de Balac o Balaam. No había nada de espacio para las ganancias o para decir palabras aduladoras para obtener un beneficio. En un sentido, Balaam murió ahí ese día a su voluntad, y abandonó cualquier ambición que pudiera tener con respecto a este asunto. *"... La palabra que Dios pusiere en mi boca, esa hablaré"* (Números 22:38). Dios finalmente podía confiar en él.

OBSERVAR EL PREMIO

¡Cuántos de nosotros somos como Balaam! Ponemos la mirada fijamente en la fama y las riquezas y nos confundimos cuando las "asnas" en nuestra vida hablan. Sí claro, preguntamos cuál será la voluntad de Dios, pero luego nuestra propia voluntad captura aún más nuestro corazón. La oposición de Dios puede surgir contra nuestros planes, pero estamos demasiado enfocados en ellos como para ni tan siquiera prestar atención. Incluso cuando nuestros pies están aplastados contra la pared de la vida, golpeamos al "asna" por la frustración hasta el momento en que se abren nuestros ojos, y nos damos cuenta de que hemos estado resistiéndonos a la voluntad de Dios de bendecirnos. Y peor aún, podríamos haber muerto en nuestras ambiciones egoístas y dureza de corazón. Entonces vemos nuestro propio corazón y que nuestros motivos no son del todo puros, y nos avergonzamos internamente. ¡Gracias a Dios por las asnas! Parece que finalmente lo entendemos. Vemos el ángel, y rendimos a Dios nuestra boca. De repente, nuestro destino profético que estaba estancado en algún lugar entre el cielo y la tierra se ve liberado, y podemos avanzar.

Presionados por la palabra de Dios, nuestras malas actitudes y mentalidades erróneas nos hacen tropezar cada vez. Esas malas actitudes serían admirables en el mundo, pero ante Dios les falta brillo. Alardear diciendo: "Les voy a decir primero lo que pienso y luego les diré lo que Dios me dijo que les dijera" nunca obtiene los resultados que anhelamos. Nuestra actitud de "decirlo tal y como yo lo veo" puede aportarnos muchas palmaditas en la espalda, pero el fruto es amargo y desagradable. Una pizca de Dios, un poquito de maldición, y luego mezclarlo con bendición no nos dará el premio. Para obtener el favor de Dios tenemos que aceptar los términos de Dios.

¿Alguna vez ha luchado con el hecho de saber que Dios quiere bendecirle, pero no está experimentando sus promesas? Sentirse como un ciudadano de segunda clase o alguien que no está al tanto le aporta una insistente sospecha de que algo no concuerda.

Al repasar el chequeo mental, quizá encontremos que declaramos las bendiciones de Dios, pero luego añadimos nuestros dos céntimos. Esos dos céntimos eran una especie de regalo para convencerles por el camino, pero no era de Dios. Después nos subimos al asna y corremos a Él. Dios no nos dejó irnos con compromisos a medias. Él no está siendo malo, sino que quiere que controlemos del todo nuestra disposición a bendecir, por nuestro propio bien. El corazón de Balaam tenía que estar totalmente consagrado al Señor, y a nosotros no se nos pide menos.

LLEGAR ALLÍ

Balaam llegó a una celebración que ofrecía el rey moabita. La verdadera prueba comenzaría al día siguiente. Llevaron a toda prisa al profeta hasta el lugar alto, donde Balac pensaba que ver el *"pueblo"* que *"cubre la faz de la tierra"* sería de utilidad para Balaam (véase Números 22:3-4). ¿Dudaría el profeta ante la presión de agradar, o bien al angustiado rey o al Dios que le había permitido llegar? Después Balaam hizo lo que sabía que era lo correcto: edificó los altares, preparó el sacrificio y después afinó su oído para escuchar a Dios (véase Números 23:1-4).

La verdadera prueba es llegar "allí". A veces las cosas no son como las habíamos imaginado. No hay una música suave de fondo, ni un comité de bienvenida, ni los intercesores están orando y no hay señales de Dios. Quizá nos encontramos con un caos, una o dos personas que nos sacan de quicio, condiciones desfavorables y la presión a conformarnos. O un escenario aún peor es cuando la expectación de quienes nos esperan se convierte en una tentación para decir más de lo que Dios nos ha dicho. Cualquiera que sea la situación, si anteriormente hemos rendido nuestro corazón a Dios, podemos tener paz. Dios siempre saldrá a nuestro encuentro.

Sobre el monte, el Señor entregó el mensaje al oído del profeta. Balaam retrocedió para encontrar a Balac y sus líderes, posicionados y esperando la palabra de Balaam. En efecto, lo que dijo hizo que Balac se preocupara mucho.

"Está bien, ¿querías que maldijera a este pueblo por ti? ¡Eso no ocurrirá! Dios les ha bendecido. Desde aquí arriba, estoy intentando ver algo malo de este pueblo, pero no hay nada. Si, viven separados de todo el mundo y nadie piensa gran cosa de ellos, ¡pero espera a que este pueblo crezca! ¡Cómo me gustaría terminar como ellos!".

Balac no estaba seguro del todo de haber oído correctamente, pero las bocas abiertas de sus ancianos eran evidencia más que suficiente. "¡Oye! ¿Qué haces? Te traje aquí para maldecirles, ¡no para bendecirles!".

"Tan sólo estoy intentando obedecer a Dios", aclaró el profeta.

"Debe ser el ángulo desde el que Balaam estaba observando a los israelitas", pensó Balac. "¡Qué crédulo puede ser un profeta! Tan sólo una mirada del gran grupo de emigrantes y sus bienes, ¡y ya le ha impresionado!". Pero después Balac suspiró. Él mismo se debatía entre dos pensamientos: admiración por ese pueblo que se había confiado a las manos de un Dios invisible, o el enojo por su idiotez. "Quizá si Balaam les observara desde otro lado, la cosa sería distinta". Él conocía un lugar desde el que esas personas no parecían tan buenas. Nada se ve tan terrible como la lucha de los rezagados de una multitud. Allí no se vislumbraba ninguna gloria.

Balac quedó satisfecho de llevar a Balaam hasta el nuevo lugar donde podría espiar a los intrusos: esa era una buena vista. Porque, ¡no parecían tan grandes desde allí! Echó un vistazo al profeta que se apartaba cojeando para estar a solas con Dios. Eso de algún modo le preocupó. Esperaba que no fuera el mismo Dios en el que confiaban los israelitas. ¡No podía ser! ¿Acaso no procedía Balaam de Petor de Mesopotamia? Con el ceño fruncido, pensó que maldecir a una parte era mejor que no maldecir a ninguna. Después de todo, ¿cuántas cosas buenas se pueden ver en la gente, especialmente en aquellos que no conoces? Por ahora, tan sólo tenía que fingir que Balaam no había bendecido antes a sus enemigos. "Paciencia, Balac", se decía a sí mismo, "paciencia".

¡Un buen retrato del enemigo de nuestra alma! La determinación de Balac de maldecir aunque sólo fuera a una parte de los israelitas revelaba un viejo truco del enemigo. Siempre de forma sutil, su deseo es al menos meter el dedo del pie en la puerta o su dedo en la ventana, y después el resto del peso. Una vez familiarizado con nuestros puntos malos y débiles, le encanta destacar esas faltas. Espera que si miramos lo suficiente el lado oscuro de la vida, comenzaremos a hablar de ello. ¿No es esa la naturaleza humana normal? Piense en las ofensas: cómo duelen, gimen pidiendo atención. Nos hacen fijarnos en las faltas de otro. Así que mientras acunamos las heridas con nuestra mirada, quizá se nos pasa por alto la relación del ofensor con todo el asunto, pero el diablo no lo olvida. Maldecir a nuestra suegra, por ejemplo, parece evitar que nuestro cónyuge sufra daño, pero se nos olvida que ella aún es parte de la familia. Así como estamos unidos por la sangre, las leyes de Dios conectan a dadores y receptores de la maldición y la bendición. El diablo nunca querrá que miremos con los ojos de Dios. Una sola mirada de reojo puede ser suficiente para infundir en nosotros vida y esperanza. Si no impedimos esa mirada, el diablo trabajará para distorsionar y torcer la vista hasta hacernos dudar y creer que no hemos visto nada.

La mirada retrospectiva quizá sea perfecta, pero la vista desde el lado del bendecidor es mejor que desde cualquier otro lado. Todos sabemos bien cómo nuestra visión (y opiniones) de la vida y de otros determina nuestros pensamientos y palabras. Desarrollar una mentalidad de maldecir es fácil y sutil. Aunque puede que el deseo de nuestro corazón sea bendecir, si nuestras vistas están puestas en maldecir, es algo casi garantizado que saldrá maldición. Un entorno de maldición tiene su manera de absorbernos en él si le miramos fijamente. Si no tenemos cuidado, podemos ser como Balac, y pensar: "Oye, ¡aquí la víctima soy yo! ¡Ellos empezaron!". Redirigir nuestros ojos para sincronizarlos con la mirada de Dios es algo continuado. Es posible tener y ver algo bueno en las situaciones. Eso significaría descubrir lo que Dios está viendo en algo o alguien. Estas palabras probadas siguen siendo ciertas: *"Sin profecía el pueblo se desenfrena* (no tienen nada a lo que atarse)" (Proverbios 29:18). Esas revelaciones se convierten en nuestro ancla para vivir una vida plena.

DÉJELO CLARO

Al prestar sus oídos y sus ojos a las palabras del Señor, Balaam se convirtió en otra voz que confirmaba la bondad de Dios hacia una nación. El asna había hecho su trabajo. Balaam dio otro golpe al ego del rey moabita.

> *Dios no es hombre, para que mienta, ni hijo de hombre para que se arrepienta. Él dijo, ¿y no hará? Habló, ¿y no lo ejecutará? He aquí, he recibido orden de bendecir; Él dio bendición, y no podré revocarla. No ha notado iniquidad en Jacob, ni ha visto perversidad en Israel. Jehová su Dios está con él, y júbilo de rey en él. Dios los ha sacado de Egipto; tiene fuerzas como de búfalo. Porque contra Jacob no hay agüero, ni adivinación contra Israel. Como ahora, será dicho de Jacob y de Israel: ¡Lo que ha hecho Dios! He aquí el pueblo que como león se levantará, y como león se erguirá; no se echará hasta que devore la presa, y beba la sangre de los muertos* (Números 23:19-24).

Tras oír eso, cualquier líder en su sano juicio desistiría de su idea de maldecir y se iría a casa. Pero Balac no. Era un masoquista, y probablemente se castigara después por prolongar la tortura (véase Números 23:27-30). Bosquejado ante él de forma clara y simple se hallaba el futuro glorioso del pueblo guerrero que tenía ante él.

Aún le rogaba al profeta: "Por favor, para. Si no puedes maldecirles, tampoco los bendigas". Tenía un lugar más en su mente: la perspectiva del páramo. Allí fueron para el último enfrentamiento (véase Números 23:28).

Pero Balaam había encontrado la conexión. Había visto la luz. No le gustaba estar en el equipo contrario a Dios. Una gloria y favor poco corrientes cubría a la multitud y él no se atrevió a tocarla salvo para hablar de ella. Dejando a un lado sus augurios para conjurar lo divino, alzó su rostro y dejó salir las palabras según le llegaban.

> *Dijo el que oyó los dichos de Dios, el que vio la visión del Omnipotente; caído, pero abiertos los ojos: ¡Cuán hermosas*

son tus tiendas, oh Jacob, tus habitaciones, oh Israel! Como arroyos están extendidas, como huertos junto al río, como áloes plantados por Jehová, como cedros junto a las aguas. De sus manos destilarán aguas, y su descendencia será en muchas aguas; enaltecerá su rey más que Agag, y su reino será engrandecido. Dios lo sacó de Egipto; tiene fuerzas como de búfalo. Devorará a las naciones enemigas, desmenuzará sus huesos, y las traspasará con sus saetas. Se encorvará para echarse como león, y como leona; ¿quién lo despertará? Benditos los que te bendijeren, y malditos los que te maldijeren (Números 24:4-9).

¡Vaya! Hermosos y poderosos, victoriosos y favorecidos son los escogidos del Señor. Estas eran las palabras que daban vueltas en la mente de Balac mientras escuchaba la profecía de Balaam. Y describían la amenaza que tenía debajo de él. Ese pueblo no era normal. Era un pueblo peculiar y destinado para algo maravilloso. Finalmente, Balac vio el escrito en la pared. Ese pueblo podía convertirse en su ruina. No importaba desde qué ángulo se pusiera el profeta; sus vistas tenían puesto el piloto automático hacia la bendición.

"¡Basta!", tembló la voz de Balac de ira con la mirada puesta en el profeta. "Te traje aquí para maldecirles, no para bendecirles. ¡Apártate de mí enseguida! ¡No hay para ti recompensa! Obviamente, Dios tampoco quiere que seas recompensado".

¡Balaam fue oficialmente despedido!

Algo bueno, también. Sus últimas palabras fueron para Balac y sus acompañantes. Balaam reiteró con toda tranquilidad su posición inicial: no iba a decir nada que contradijera a Dios (véase Números 24:13). Eso no era un secreto, aunque Balac deseaba que Balaam hubiera cambiado de idea. Balaam terminó su defensa diciendo que estaría del lado de Dios, el lado de la bendición. No cambiaría de lado incluso aunque Balac le diera su casa *llena de plata y oro*. (Esa espada en la mano del ángel con su nombre en ella aún estaba fresca en su mente).

Al prepararse para ensillar su asna, el profeta hizo una pausa y se dirigió a Balac. "Por cierto, antes de irme, permítame decirle lo que este pueblo le hará a su pueblo".

Sin pedir la construcción de ningún altar más o sacrificios para quemar, Balaam le miró de frente y dejó que salieran las palabras.

Lo veré, mas no ahora; lo miraré, mas no de cerca; saldrá ESTRELLA de Jacob, y se levantará cetro de Israel, y herirá las sienes de Moab, y destruirá a todos los hijos de Set. Será tomada Edom, será también tomada Seir por sus enemigos, e Israel se portará varonilmente. De Jacob saldrá el dominador, y destruirá lo que quedare de la ciudad (Números 24:17-19).

Pero eso no fue todo. Una a una, el profeta declaró la futura derrota y destrucción de cada nación: Amalec, el ceneo, Quitim, etc. salvo, claro está, los israelitas. Seguro de que ya había terminado, el profeta se fue. Pero la belleza de la gloria de Dios sobre un pueblo ya había sido dibujada y proclamada.

Así que Balac se aferró desesperadamente a un resquicio de esperanza. Quizá si Balaam no podía cambiar la forma en que Dios veía a Israel, podría haber otra forma de maldecirles. Quizá los israelitas podían causarla por sus propias obras. Las malas respuestas de los israelitas a las maldiciones podrían hacer que fueran lo suficientemente culpables como para invitar a una maldición. ¡Qué astuto! Sólo tenía que esperar y ver.

Desde aquí arriba

En ese espacio de tiempo, Balaam obtuvo un destello de la perspectiva de Dios. Costó un poco persuadirle para que se diese la vuelta, pero lo hizo. Tuvo que escoger, y esa elección no siempre se ve de nuestro agrado. Siempre es más fácil mirar la vida desde donde estamos. No tenemos que hacer mucho, tan sólo mirar e informar. Encontrar la visión de Dios es algo más que tan sólo mirar: es detenerse, mirar y escuchar su corazón. Cuando encontramos la visión de Dios acerca de alguien o algo, el gozo es definitivamente inexplicable. No nos movemos de ahí rápidamente. Todos vemos mejor desde ahí arriba. Dios observa con una perspectiva eterna. La nuestra, que es temporal, palidece al compararla. O mejor aún, está a millones de kilómetros de la meta. Las maravillas de Dios almacenadas en un ser humano son algo que debemos contemplar y descubrir. Cada uno de nosotros representa una característica única de nuestro creador. No es de extrañar que Pablo dijera:

Así que, no juzguéis nada antes de tiempo, hasta que venga el Señor, el cual aclarará también lo oculto de las tinieblas, y manifestará las intenciones de los corazones; y entonces cada uno recibirá su alabanza de Dios (1 Corintios 4:5).

Las personas y las cosas pueden cambiar. Quizá no como o cuando queremos que cambien. Poner un cepo en nuestro juicio es algo difícil de hacer, pero no imposible. ¿Alguna vez ha oído hablar de un ateo, asesino, pervertido o satánico que haya sido salvo? ¿Y qué hay de nuestro familiar de duro corazón o de nuestro vecino santurrón? Ocurre. Algunos de los personajes más inconcebibles a nuestro parecer han cambiado para seguir al Señor con fervor. No depende de nosotros. Ese conocimiento a veces está oculto a la vista. Ver una instantánea de alguien o algo en el ahora es fácil. A veces, la mala luz con que les vemos presenta una nueva noticia jugosa en la que deleitarnos. Entonces aparece Dios, Aquel que nunca abandona la obra de sus manos o su inversión. Él no desea que nadie vaya al infierno, aunque lo merezca.

Vengarnos de nuestro enemigo o de alguien que nos menosprecia nos parece satisfactorio, especialmente si nos han hecho mucho daño. Orar diciendo: "Dios, envía fuego sobre ellos hasta que los encierren o terminen en la cama de un hospital" no es la idea de Dios de la bendición. Su respuesta podría ser algo más parecido a: "No, tengo que defender eso. ¿Qué tal si te pongo a ti en una cama de hospital y que ellos tengan una misericordia tal que acudan a verte?". Eso no parece algo que queramos hacer tampoco.

Orar algo como esto es el billete: "Bendigo a _____ (llenar el espacio). Declaro la bondad del Señor sobre ellos. La bondad del Señor es lo que les lleva al arrepentimiento". Ese es un buen cambio a diferencia de la actitud vengativa de la maldición.

Pensar en la perspectiva de Dios acerca de alguien o algo es sólo una parte de la bendición. Queremos convertirnos en un participante dispuesto. Intente decir eso en voz alta, incluso de su enemigo. ¡Ay! Quizá al principio nos haga daño en los oídos. De hecho, eso machaca y destruye la naturaleza que es contraria a la de Dios. Me refiero a la que imagina y clama venganza. A ninguno nos gusta el "aguijón en la carne", ni siquiera a Pablo, el gran apóstol que escribió la mayor parte del Nuevo Testamento. "Dios, ¡líbrame de esto!". Clamamos a Dios cuando vemos al "mensajero de Satanás" acercándose para molestarnos. En caso de que nos sintamos injustamente tratados cuando eso ocurra, Pablo nos contó una historia similar.

Conozco a un hombre en Cristo, que hace catorce años (si en el cuerpo, no lo sé; si fuera del cuerpo, no lo sé; Dios lo sabe) fue arrebatado hasta el tercer cielo. Y conozco al tal hombre (si en el cuerpo, o fuera del cuerpo, no lo sé; Dios lo sabe), que fue arrebatado al paraíso, donde oyó palabras inefables que no le es dado al hombre expresar. De tal hombre me gloriaré; pero de mí mismo en nada me gloriaré, sino en mis debilidades. Sin embargo, si quisiera gloriarme, no sería insensato, porque diría la verdad; pero lo dejo, para que nadie piense de mí más de lo que en mí ve, u oye de mí. Y para que la grandeza de las revelaciones no me exaltase desmedidamente, me fue dado un aguijón en mi carne, un mensajero de Satanás que me abofetee, para que no me enaltezca sobremanera; respecto a lo cual tres veces he rogado al Señor, que lo quite de mí. Y me ha dicho: Bástate mi gracia; porque mi poder se perfecciona

*en la debilidad. Por tanto, de buena gana me gloriaré más
bien en mis debilidades, para que repose sobre mí el poder
de Cristo* (2 Corintios 12:2-9).

Está bien, esa no era la respuesta que queríamos oír. ¿Cómo es
posible que un gran hombre de Dios (llevado al tercer cielo, con
visión profética, que conocía la voluntad de Dios y entendía sus
misterios) no pudiera detener al mensajero? Todos podemos suponer
cuál podría haber sido ese espíritu atormentador. Él oró tres veces
pero lo que recibió fue: *"Bástate mi gracia"*. Dios le había dado a
Pablo todo lo necesario en ese momento, y después algo más. Pablo
definitivamente tenía *"Mi gracia"*, lo cual significa la influencia
divina de Dios en el corazón. Creo que el Señor le estaba diciendo
a Pablo: "Tienes en tu interior todo lo necesario para hacer frente a
este enemigo; no esperes que yo baje y haga el trabajo por ti".

Nosotros bombardeamos ansiosamente el cielo: "Señor, tengo
este 'mensajero de Satanás' trabajando en mí. ¿Podrías enviar fuego
del cielo para consumirles, para que así sepan que me amas más
que a ellos? Trata con ellos. Despiértales en medio de la noche y
muéstrales el infierno. Sí, por favor, ¡y hazlo deprisa!".

La respuesta de Dios podría ser algo parecido a esto: "Ya he
puesto dentro de ti el poder para bendecir y repeler la maldición".
Declarar una bendición sobre la persona o situación suena algo más
parecido a esto: "Señor, que el gozo del Señor y la paz de Dios sean
sobre ellos. Que descansen esta noche y puedan ver la bondad de
Dios sobre sus vidas. Libero la bendición del Señor sobre ellos". La
paz que hemos descubierto deja espacio para la buena perspectiva de
Dios y la paz para nuestros enemigos. Bendecir entrona a Dios en
su lugar legítimo desde donde puede cambiar personas y situaciones.

La gracia de Dios que hay disponible no es para que podamos
"aguantarnos como hombre (o mujer)", como a la mayoría nos han
enseñado. Tampoco es para que apretemos los dientes y digamos:
"¡Mándala!". Intente bendecir el entorno y las condiciones de la
situación y espere el cambio. Radical, ¿verdad? El poder de Dios
reside dentro de nosotros para bendecir y cambiar la situación por

completo. Intente verse a usted mismo como un termostato, y no como un termómetro. Algunas personas son muy buenas a la hora de reflejar la temperatura de la habitación y simplemente no hacen nada para cambiarla. Usted tiene el poder de cambiar el entorno y establecer una temperatura pacífica dondequiera que vaya. Bendecir es el termostato de Dios que puede afectar la atmósfera en la que vive.

Vi esto de primera mano cuando enseñaba sobre el poder de la bendición en un instituto bíblico en Texas. Una señora que estaba tomando el curso le habló a su amiga acerca de bendecir al jefe de la amiga. La amiga rápidamente respondió: "No le voy a bendecir; quiero maldecirle". Llamó a su jefe varias cosas, incluyendo "mentiroso" y "ladrón".

La señora que estaba en la clase le dio un CD sobre la bendición y le dijo a su amiga que al menos lo intentara. Se lo dio un martes; la amiga intentó bendecir a regañadientes el miércoles y el jueves. Ella era la directora de la oficina, así que intentó poner el termostato espiritual para el resto de la oficina. Ella contó la secuencia de sucesos a la amiga que le había dado el CD, y dijo: "El viernes, mi jefe me llamó a su oficina. Lo primero que pensé fue: *Me va a despedir porque sabe que me he estado oponiendo a él, y nos hablamos a duras penas*".

Para asombro de ella, su jefe dijo: "Tengo que pedirle disculpas. Le he retenido aumentos de sueldo que le correspondían". Continuó: "Comenzando de manera retroactiva desde el mes pasado, recibirá su aumento y su ascenso". Ahora está convencida de que la bendición libera el favor de Dios y que la maldición hace que todo se detenga.

ORACIÓN

Espíritu Santo, te pido que me ayudes a ver desde tu punto de vista. Llévame al lugar alto en los lugares celestiales y déjame ver como tú ves. Lo que parece ser escombros, tú has declarado: "¡Esto es lo que quiero como potencial!". Dios, ayúdame a no alejarme de ello. No quiero pasar el resto de mis días intentando descubrir por qué no se cumplió la profecía. Ayúdame a pasar por lo que tú quieres que pase. Abre mis ojos para que entienda la esperanza que hay dentro de mí. Espíritu Santo, ayúdame a ser consciente de ser un termostato espiritual dondequiera que vaya. Amén.

Capítulo cuatro

❖

El poder de la lengua

ERA UN ASUNTO diario. Al pasar por el club nocturno de su vecindario, el pastor lo maldecía.

"¡Sécate!", le decía a esa empresa para que se secara y cerrara. Añadía: "Y que nadie acuda a tu puerta", para más colmo.

Dios estaba de su lado. Después de todo, ¿acaso no odiaba Dios la idolatría, la fornicación y quién sabe cuántas más cosas que sucederían ahí dentro? Seguro de estar haciendo lo correcto, proseguía su camino para realizar las tareas del día. Mañana, volvería para volver a hacer lo mismo.

Pero ahí estaba al día siguiente. Los clientes entraban y salían, y parecía que había más clientes que la última vez. ¡No podía ser! ¿Cómo era posible que floreciera cuando Dios estaba en su contra? Él intensificó su ataque hasta el punto de decir: "Los maldigo, espíritus inmundos; les ordeno que cierren estas puertas". Parecía que cuanto más maldecía el negocio, más crecía.

Un día, mientras hacía su acostumbrado tour para maldecir al club nocturno, el Señor habló a lo profundo de su corazón. El Señor le preguntó: "¿Por qué estás maldiciendo a la gente por la que yo he dado mi vida, la misma vida que di por ti?". Entonces el pastor se dio cuenta de que el negocio no era el problema, sino la ceguera de quienes frecuentaban el lugar.

Pero yo os digo: Amad a vuestros enemigos, bendecid a los que os maldicen, haced bien a los que os aborrecen, y orad por los que os ultrajan y os persiguen (Mateo 5:44).

¿Bendecir a sus enemigos? ¡Menudo concepto! La bendición aparentemente era la manera de Dios de cambiar la forma de algo. Dios era el "Dios del giro y el regreso". Esto era nuevo, pero era la respuesta de Dios.

Como alguien que está aprendiendo un nuevo idioma, el pastor comenzó a bendecir al propietario del club y a la gente que había en su interior. Al principio le costaba, pero sentía el agrado del Señor mientras él les bendecía. Se dio cuenta de que era la bondad del Señor lo que lleva a las personas al arrepentimiento. En cuestión de dos semanas, el club que antes era próspero había cerrado sus puertas sin previo aviso. La maldición hace que la oscuridad prospere, y la bendición cambia las cosas por causa de la justicia.

Lo que el pastor aprendió es una lección que parece que muchos cristianos nunca llegan a entender. Bendecir es la actitud de Dios. Esto le quitará un peso de encima: la carga de tener que castigar a sus enemigos. Una nueva estrategia para la guerra espiritual se abrió ante él.

"Que el Señor le conceda todas sus intenciones para usted. Declaro sobre usted que toda la intención de Dios para su vida desde el principio se llevará a cabo".

El plan de Dios para quienes estaban atrapados en frecuentar ese club nocturno no era tan sólo que dejaran de ir, sino que le encontraran a Él como un gozo más grande que los deleites del pecado. Muchas personas pueden estar convencidas de no pecar y aun así no encontrar la forma de disfrutar de su salvación de la cautividad.

Este es nuestro reto, porque es aquí donde muchos de nosotros hemos fracasado y caído en condenación. Nuestra lengua (el vehículo para el habla) ha llevado a muchos por el sendero equivocado. Pero esto es lo que necesitamos para liberar la bendición. Pensar en bendecir es sólo el comienzo.

Hablar libera la bendición, y para eso es necesario que nuestra lengua entre en acción. Eso también le atribuye a nuestra lengua una gran responsabilidad. Literalmente estamos profetizando o "exhalando" el aliento de Dios (*pneumas*) cuando bendecimos.[1]

Piénselo. Eso es algo que no debemos tomarnos a la ligera. "Exhalar" bendiciones libera el poder de Dios para actuar en una persona o situación. Las palabras están ahí. La lengua espera. Empaparse de anticipación por los pensamientos que vamos a liberar les aviva para que tengan vida. ¡Qué asombroso es cuando las palabras exhalan la vida de Dios!

La muerte y la vida están en poder de la lengua, y el que la ama comerá de sus frutos (Proverbios 18:21).

Pero no todas las lenguas bendicen. Dios le ha dado a nuestra lengua el poder de sembrar el caos o de dar vida. Cada día, nuestra boca ejercita ese privilegio. Cuando la lengua hace su parte, el resto del cuerpo tiene que tratar las consecuencias de esas palabras, ya sea que den vida o no. Puede que sin darnos cuenta nos demos un festín con el dulce fruto de la lengua o la cosecha podrida, porque lo que tenemos es una extremidad indomable cargada de poder. Añada a esto *"mal que no puede ser frenado lleno de veneno mortal"* y tendremos una parte del cuerpo que necesitamos controlar (véase Santiago 3:8). Honestamente, nadie quiere que algo tan poderoso y tóxico esté suelto. Puede que culpemos a la lengua, pero en realidad es una mente o un corazón no regenerados lo que alimenta a la lengua de su contenido.

Pero nadie puede domar a la lengua (véase Santiago 3:8). Lo hemos intentado. ¿Entonces qué? Embrídela. Sí, como hacemos con los caballos. Un caballo es un animal grande que se puede entrenar y dirigir controlando el bocado y la brida que se colocan sobre la lengua y la cabeza del caballo (véase Santiago 3:3). Santiago, hijo del trueno y un hombre cuya afilada lengua le hizo ganarse un lugar inolvidable en los Evangelios, sabía de lo que hablaba (véase Lucas 9:54). Su lengua (y la mayoría de nosotros podremos identificarnos) rápidamente condenaba y enjuiciaba a cualquiera que no estuviera de acuerdo con ellos en un momento dado. Santiago pinta una imagen gráfica para que podamos entender el poder de la lengua.

Mirad también las naves; aunque tan grandes, y llevadas de impetuosos vientos, son gobernadas con un muy pequeño

*timón por donde el que las gobierna quiere. Así también
la lengua es un miembro pequeño, pero se jacta de grandes
cosas. He aquí, ¡cuán grande bosque enciende un pequeño
fuego!* (Santiago 3:4-5)

¿Se hace una idea? Este miembro tan pequeño puede poner
rumbo y destino como lo hace el timón de un barco. Pero antes
de añadir más esfuerzos y energía a nuestra tarea de controlar
la lengua, aquí está nuestra ayuda. El Espíritu Santo de Dios es
nuestro entrenador que nos enseña lo que decir (véase Juan 14:26).
Él maneja la verdad, la verdad perteneciente a Jesús, y es nuestra
esperanza para controlar la lengua (véase Juan 16:13). Poniendo
riendas a nuestra lengua con gentileza y vigilancia más allá de toda
capacidad humana, el Espíritu Santo guía nuestra lengua para que
libere más vida que muerte (véase 1 Pedro 3:10). No hay pensamiento o palabra que se escape a su vigilancia. Reduciendo lo malo
y liberando lo bueno, las palabras de bendición comienzan a reem-
plazar a las de maldición. Bajo las órdenes de Él, nuestra lengua no
interrumpe nuestros movimientos en la dirección correcta.

A largo plazo, poner freno a nuestra lengua bajo el poder del Espíritu Santo tiene un resultado: perfección. Definitivamente, la dirección hacia la que nos debemos mover.

*Porque todos ofendemos muchas veces. Si alguno no ofende
en palabra, éste es varón perfecto, capaz también de
refrenar todo el cuerpo* (Santiago 3:2).

Somos perfectos si no ofendemos con lo que decimos. No
importa lo que otros digan, podemos decidir mantener nuestra
lengua bajo el control de Dios. Si la lengua está bajo control, quiere
decir que el cuerpo y las emociones están bajo control también.
Esto tiene un valor incalculable.

Tener cierta experiencia con las cosas de Dios no nos exime de
mantener nuestra lengua bajo el control del Espíritu Santo. El profeta Isaías reconoció esta verdad. Bañado en la gloria *shekiná* de
Dios, la imponente y santa presencia del Señor, este experimentado

profeta sólo era consciente de una cosa: la inaceptable condición de su boca, especialmente para alguien que hablaba por Dios.

Entonces dije: ¡Ay de mí! que soy muerto; porque siendo hombre inmundo de labios, y habitando en medio de pueblo que tiene labios inmundos, han visto mis ojos al Rey, Jehová de los ejércitos (Isaías 6:5).

Este fue su momento decisivo. Todo estaba en la perspectiva adecuada en la luz de la inexplicable majestad del Señor. Él era un hombre vendido a Dios. Su forma de hablar tenía que reflejar su compromiso. Se olvidó de cómo debía comportarse entre la gente, ya que lo único que quería era declarar la voluntad y el amor de ese Dios cuyo esplendor se le había permitido ver. Clamó a Dios para que tratara su boca rebelde, y Dios lo hizo: con un carbón encendido (véase Isaías 6:7).

La madurez es más que tan sólo vivir lo suficiente como para conocer las consecuencias de nuestras buenas y malas decisiones. Tampoco es hacer todo de manera perfecta, sino permitir que el Espíritu Santo dirija nuestra lengua como sea necesario. Nuestras palabras y estilo de vida reflejarán ese movimiento interior. Aprendemos a liberar sus palabras y su vida y a abandonar el deseo de hablar en contra del destino que Dios nos ha dado, sin importar lo grande o pequeño que pueda parecer.

SETENTA AÑOS DESPUÉS

Parecía imposible. Las probabilidades eran contrarias. ¿Reconstruir el templo? ¿Se refería Dios a los escombros que había delante de ellos? El tiempo había hecho su trabajo en lo que quedaba del templo. Después de 70 años de cautiverio, quienes recordaban los días gloriosos del templo eran débiles de memoria, vista y fortaleza (véase Zacarías 1:12-17). Regresar a casa para reconstruir el templo era un sueño hecho realidad en sí mismo, porque los años en Babilonia habían fortalecido su anhelo por su hogar. Zorobabel y Zacarías, sus líderes, revisaron las ruinas: definitivamente era un proyecto de Dios. Reconstruir un templo que estaba en esas condiciones conllevaría algo más, algo mayor que ellos mismos.

No con ejército, ni con fuerza, sino con mi Espíritu, ha dicho Jehová de los ejércitos (Zacarías 4:6).

¡Claro! Así que no se trataba de la inteligencia o la fuerza humana, sino del Espíritu de Dios guiando y dirigiendo el trabajo. Eso era reconfortante. Si el éxito de la reconstrucción del templo lo determinaría la dependencia del Espíritu de Dios, entonces era sabio seguir su dirección. De repente, la insalvable obra no parecía tan difícil como al principio. Se podía hacer.

¿No le suena eso a algo de Dios? Nuestras imposibilidades se convierten en lugares donde, si confiamos en Él, llegamos a experimentar su gracia y valor de maneras sorprendentes y agradables. Entonces, como Zorobabel y Zacarías, podemos gritar a nuestras montañas:

¿Quién eres tú, oh gran monte? *Delante de Zorobabel* [ponga aquí su nombre] *serás reducido a llanura; él sacará la primera piedra con aclamaciones de: Gracia, gracia a ella* (Zacarías 4:7).

Recuerde nuestra definición de "gracia": la influencia divina de Dios sobre el corazón. "Que el Señor ejerza influencia sobre usted. Que la intención de Él para esta montaña de escombro alcance su máximo potencial".

La mayoría de nosotros pasamos la mayor parte del tiempo hablándole a Dios acerca de los escombros. Nos hemos hecho expertos en explicar la dificultad y la gravedad de la situación. La próxima vez que tenga que tratar una montaña de escombros, en vez de informarle a Dios de lo grande que es el problema, intente decirle al problema lo grande que es Dios. ¡Eso será la gracia que moverá algo!

Bombardear la montaña con gritos de "gracia" no era lo más normal que se podía hacer, pero era lo que Dios quería que hicieran. Zorobabel y Zacarías le dijeron a ese escombro lo que iban a hacer con él: restaurarlo para convertirlo en un glorioso templo. Esto era potencial. Era destino. La gracia de Dios era evidente en su elevado nivel de fe y en su forma de hablar. No había lugar para la queja, para poner excusas o para la protesta. Sus palabras eran parte esencial de la reconstrucción. Patear los escombros e ir a otro lugar a edificar realmente era una opción. Pero Zorobabel y los exiliados nunca lo consideraron ni hablaron de ello. En cambio, recibieron el regalo de Dios de la gracia como suficiente. Zorobabel era el responsable de conseguir que no menospreciaran el día de *"los pequeños comienzos"* (véase Zacarías 4:10). Tampoco abandonó. Con una unción para terminar (una unción que necesitamos hoy), Zorobabel y los exiliados con él reconstruyeron el templo con éxito. La gracia de Dios marcó la diferencia.

Hoy día tenemos gracia de sobra. La gracia es más que bondad; es un don. Una invasión de gracia que llena nuestro corazón se vierte en cada área de nuestra vida. Eso incluye el trabajo, las relaciones e incluso las decisiones personales. Hablar a nuestros escombros entonces no es un problema. Tenemos confianza y no nos intimidan las situaciones que nos rodean. La gracia está en nuestro corazón siempre lista para arrepentirse en caso de que nuestra vida y palabras se volvieran contrarias o gravosas para Dios. Es el factor Dios.

¿Ha estado mirando cualquier "escombro" en su vida últimamente? No es muy agradable, ¿verdad? Los escombros representan un área de nuestra vida que el Señor tiene que sanar y reconstruir. Naturalmente, lo evitamos porque nos recuerda nuestros fracasos, derrotas y debilidades: sí, todas esas cosas que queremos ignorar y desearíamos que no estuvieran. De algún modo, se siguen cruzando en nuestro camino. Aunque intentemos pasárselas a otros, Dios finalmente nos sale al encuentro y lo único que nos queda es afrontar nuestro desastre.

"¿Has intentado declarar bendición sobre ello?", puede que nos pregunte Dios.

Ponerle riendas a la lengua sigue siendo un reto, ya sea que tengamos un gran destino como Zorobabel (o alguna otra persona que conozcamos) o no. Zorobabel llevó a cabo el plan de Dios para su vida y no habló contra ese destino, ni tampoco la gente que estaba con él. Siguieron la palabra profética para sus vidas.

Conocer el destino de Dios para nuestra vida no quiere decir que lo vayamos a cumplir. Una profecía personal no viene con una garantía. Es la potencialidad del corazón de Dios para un individuo. Es la palabra que va delante. La profecía actúa como un catalizador que puede generar movimiento. Es necesario que nosotros sigamos, pues ella no nos sigue a nosotros. Piense en ello como si Dios dijera: "Esto es lo que estoy preparando. Si me sigues, puedes entrar en una colaboración que irá más allá de lo que te puedas imaginar".

La profecía no es una protección contra la muerte o una licencia para ir por nuestro camino y hacer lo que queramos. La gente me ha dicho que no pueden morir porque les dijeron esta o aquella palabra y aún no la han visto cumplirse. Pero yo podría atestiguar ante eso el número de funerales que he realizado de personas con palabras proféticas sin cumplirse. El Espíritu Santo no pudo guiarles. Algunas palabras proféticas se cumplirán y realizarán en otra generación, quizá en la de uno de sus hijos.

Seguir una palabra profética de Dios no es problema cuando tenemos la lengua bajo control. Pero cuando nuestra lengua está desbocada, eso es otra historia. Estamos en peligro de maldecir nuestro destino, porque nuestra lengua puede llevarnos por el mal camino y abortar la palabra. Pasar por alto las condiciones de una palabra profética es como olvidarse de leer la letra pequeña. Que lo lamentaremos será algo garantizado.

ESPERAR ANTE LA LUZ ROJA

Oír la melódica voz del agua era relajante. Una cebra apareció despacio para unirse a una manada de leones que se alimentaba en la hierba del lugar. Cada uno era consciente del otro, pero ninguno era ni presa ni depredador: la maldición aún no había entrado. Armonizando con el susurro de la suave brisa, los pájaros se elevaron al cielo mientras saludaban a la luz del día con su cantar. El viento llevaba esa canción y los frescos aromas de la tierra a las tranquilas aguas del mar. Junto al río, un rebaño de ovejas apacentaban mientras un grupo de lobos las ignoraban en su camino hacia la dulce hierba de las praderas más altas. Era otro día perfecto. Adán sonrió.

De repente, el Creador que observaba eso con placer anunció a su atenta audiencia: *"No es bueno que el hombre esté solo; le haré ayuda idónea para él"* (Génesis 2:18).

¿Qué? Eso era una primicia. Su audiencia celestial se asombraba en adoración. El ADN del Creador latió con bendición. En sus ojos, toda su creación era buena (véase Génesis 1:4,12, 18,21,25, 31). Estaba contento con toda su obra. Nadie era un accidente o error. Sin embargo, esta vez encontró algo que no era bueno: que el hombre estuviera solo. Y Dios creó una solución: la mujer. Las cosas eran perfectas.

Sin embargo, la vida no continuó en esa dicha durante mucho tiempo. Adán y Eva, los guardianes del huerto, escogieron las aparentemente buenas intenciones de la serpiente en vez del plan de Dios para ellos. Todo lo que era bueno y perfecto se estropeó, incluso los pensamientos de los seres humanos. Pero Dios nunca cambió su plan original. Él tenía la intención de que el hombre fuera un bendecidor.

Entender la idea de que Dios quiere que bendigamos a otros no se produce de forma natural. Nos gusta elegir. A fin de cuentas, decimos, realmente existen malas personas que aparentemente necesitan maldición. ¿No es cierto? Pero ¿acaso no les formó Dios en el vientre de su madre? Bueno, sí. ¿Podemos entonces decir que no son buenos ni lo merecen? ¿Por qué no decir entonces: "Dios, lo que creaste no fue bueno, y cometiste un error"? Nadie quiere que otros hablen mal de él. Santiago habló de esto: *"Con ella bendecimos al Dios y Padre, y con ella maldecimos a los hombres, que están hechos a la semejanza de Dios"* (Santiago 3:9). Si eso no es literalmente maldecir a Dios, entonces no sé qué es.

Con esa revelación aún fresca en mi cerebro, conducía con un tráfico muy pesado en la I-30 en Dallas, Texas. Era un día rutinario cuando un pequeño camión se cruzó delante de mí, casi chocando contra mi auto. Cualquiera que fuera la razón para eso, yo no fui en absoluto comprensivo.

Exclamé en alta voz: "¡Serás idiota!".

"¿Qué has dicho?". Esa era la voz de mi esposa en el asiento contiguo. En verdad era una palabra poco común escondida en el banco de palabras de mi vocabulario; sin embargo, salió a la superficie. Nada más decirlo, oí la voz del Señor dentro de mí que me decía: "¿Por qué me maldices?".

Yo respondí nuevamente dentro de mi corazón: "Señor, sabes que nunca te maldeciría", estaría hecho trizas ahora mismo si lo hubiera hecho.

Debo admitir que me sentí un poco como Pedro en la Biblia diciéndole a Jesús: "Sabes que nunca te dejaré. De hecho, moriría por ti". El Señor amablemente me dijo que todo lo que Él ha creado tiene un propósito, y todo tiene una parte de Él, aunque sean personas no creyentes. Me dijo que bendijera al joven conductor.

Yo le dije: "Ni siquiera le conozco". El Señor insistió en que le bendijera. Como era mi primer intento en este asunto de la bendición, de algún modo me sentí torpe. Comencé diciendo: "Le bendigo con todo lo que Dios tenga para usted. Le bendigo con el conocimiento del Hijo de Dios, y llegará a casa sano y salvo para que sea de bendición para su familia".

No había terminado aún de bendecirle cuando honestamente puedo decir que sentí el agrado del Señor inundando mi cuerpo; era como si las endorfinas de mi cerebro recorrieran mi cuerpo con éxtasis. Sentí que el Señor me sonreía, diciendo: "Bien hecho, hijo".

Habrá una gran diferencia en la respuesta de alguien que bendice y alguien que maldice cuando se encuentren en una situación difícil. Adorar a Dios y bendecirle con una canción después de ser golpeado y arrojado en prisión es lo más remoto que puede haber en la mente del que maldice. No hay *alabanza a Dios* en su boca, y desearía tener una *espada de dos filos en sus manos* para cortar algunas orejas. ¡Pero no unos bendecidores como Pablo y Silas (véase Hechos 16:22-43)! Sus corazones y sus bocas estaban decididos a bendecir a

Dios en cualquier circunstancia. Aunque parecía natural acusar a Dios por permitirles sufrir dificultades, ellos escogieron cantar. El Señor escuchó su música y trató con sus opresores. Su canto se convirtió en la llave para las puertas de la prisión y la apertura del carcelero y de toda su casa para recibir la salvación. ¡Vaya! Pablo y Silas se podían haber perdido esa oportunidad si hubieran estado ocupados quejándose y enfocándose en sus problemas.

Incluso cuando alguien que maldice parece estar bendiciendo, puede que su motivo esté muy lejos de ser puro. La ganancia personal o la comodidad por lo general saldrán a flote. Cuando Jesús entró en Jerusalén montado en el pollino, las personas que gritaban "Hosanna" estaban diciendo literalmente: "Ven y ocupa tu asiento y gobierna en Jerusalén". Pero Dios no estaba interesado en que Jesús expulsara a la ocupación romana. En cambio, los conquistadores romanos iban a crucificar a Jesús. Desde siempre Jesús era el mayor propósito: la redención del mundo entero. Y la única manera de lograr eso era a través de su muerte. Dios quería gobernar en un lugar superior: los corazones de la gente. ¡No en un trono terrenal! Porque cuando Dios captura nuestro corazón, también captura nuestra boca, poniendo freno a nuestra lengua, y controlando así todo nuestro ser.

¿Se encuentra usted en una situación difícil en este momento? Pruebe a cantar, e imagine que Dios les dice a sus ángeles: "¡Ese es mi hijo (o hija)! Cuando bendicen, se ponen de acuerdo conmigo". No tiene usted que mover un dedo para vengarse.

No podemos bendecir y maldecir a la vez; o hacemos una cosa o hacemos la otra. Una fuente no puede dar a la vez agua dulce y amarga, ni tampoco puede nuestra boca bendecir y maldecir al mismo tiempo. Maldecir en un momento y después bendecir inmediatamente es esquizofrénico y de doble ánimo. Santiago nos dice que quien esto haga no espere recibir nada del Señor (véase Santiago 1:7-8).

Reconocer que podemos estar maldiciendo a otros es más fácil de hacer que darse cuenta de que estamos maldiciéndonos a nosotros mismos. A veces es algo muy sutil porque nos hemos acostumbrado a ello. Pero nuestro cuerpo responde a lo que sale de nuestra boca.

Ver nuestro cuerpo como un templo del Espíritu Santo no siempre es fácil, especialmente cuando el espejo nos dice que no damos la talla de belleza del mundo y los estándares de atractivo (véase 1 Corintios 6:19). Sentirse acosado, estar afligido con dolor físico y hacerse mayor pueden ser oportunidades para que declaremos bendición sobre nuestro cuerpo. Decir: "Bendigo el cabello de mi cabeza. Bendigo este corazón, rodillas y espalda porque la intención de Dios es que no viva con dolor" es como medicina sobre esas enfermedades.

Así como la bendición viene sobre nosotros a través de nuestra boca, las enfermedades y las dolencias pueden entrar en nuestro cuerpo del mismo modo. Se puede producir al desviarnos del diseño natural de Dios de bendecir. Conozco casos en donde un corazón amargado acostumbrado a maldecir todo lo que se cruza en su camino ha provocado artritis o úlceras. Nuestra lengua está diseñada para emanar la libertad y las bendiciones de Dios en la tierra. El perdón, acompañado de bendición de la persona a la que ha perdonado, es más eficaz a la hora de dar libertad a ambas partes. Podemos decir que perdonamos a alguien, pero cuando le bendecimos con un corazón sincero como si Jesús estuviera dando la bendición, las ataduras del alma que nos ataban al espíritu no perdonador se rompen. Muchas personas han encontrado libertad en su matrimonio y en otras relaciones al aprender a bendecir en lugar de los viejos métodos de maldecir y tener arrebatos de ira. Tenemos el tipo de matrimonio que bendecimos o el tipo de matrimonio que maldecimos.

Podemos llegar al lugar en el que el Espíritu Santo tome el control de nuestra lengua, o timón. Eso le permite controlar nuestro barco: todo nuestro ser. Podemos comenzar a proclamar las soluciones en vez de repetir los problemas. Comenzamos a reconocer las sutiles formas de maldecir en nuestra vida, como abandonar algo. Sí, quizá no usamos palabras malsonantes, pero al rendirnos o abandonar algo lo estamos maldiciendo.

El que Jonás encontrara un barco que iba en la dirección que él quería parecía ser una bendición del Señor, pero todo el tiempo su destino estaba en la dirección opuesta, en Nínive. Puede que aquello que nos parece favorable no sea la voluntad o la bendición de Dios. Bendecir deber estar ligado a la voluntad y la naturaleza divina de Dios. En el caso de Jonás, pudo dormir en el barco, porque en ese momento parecía que lo estaba consiguiendo. Sin embargo, su huída en la dirección contraria no podía provocar el favor de Dios sobre su vida, porque se estaba resistiendo al propósito de Dios para Jonás y para Nínive.

Me atrevo a decir que la razón por la que algunos de nosotros aún no hemos visto la plenitud de Dios en nuestra vida es porque no hemos aprendido a bendecir lo que Dios ha bendecido. Por la misma razón, la gente se abate y lamenta el hecho de que no les ocurre nada bueno. Obviamente, no ha habido ninguna inversión en bendecir a otros. Bendecir a las personas con nuestra boca es una inversión en nuestra bendición heredada. Tenemos la promesa de que cosecharemos lo que sembremos. La bendición es la semilla que hemos recibido para sembrar y que afectará tanto al receptor como al dador. Como sabemos que Dios ama al dador alegre, podemos deducir que le encanta cuando damos bendición con alegría de corazón.

ORACIÓN

Señor, clamo a ti hoy. Por favor, ¡pon freno a mi lengua!
No permitas que mi lengua se quede en punto muerto para que no maldiga ni diga cosas malas, sino ayúdame a comenzar a decir cosas buenas. Quiero ser una boca de bendición que puedas entrenar y dirigir como tú quieras. No permitas que mi destino quede retenido a causa de una lengua incontrolada.

Me arrepiento y te pido perdón por las veces en que tuve la oportunidad de bendecir y en cambio decidí maldecir. Señor, quiero bendecir todo aquello por lo que tú moriste. Haz de mí una persona que grite "¡Gracia!" en lugar de gritarle al problema. Haz de mí también una persona que tenga el don de Dios en su boca.

Oro para que los maridos y las esposas se bendigan el

uno al otro físicamente, emocionalmente y espiritualmente. Señor, oro para que bendigas todo lo que me encuentre en mi vida. Oro para que todo lugar que pise mi planta del pie sea bendecido y se convierta en tierra bendita y santa, porque cuando te bendigo se convierte en algo exclusivamente tuyo.

Te pido, Espíritu Santo, que pongas freno a mi boca hasta que se convierta en el timón de un barco que puedas girar en la dirección que quieras, sin importar lo grande que sea. Permite que mi lengua se convierta en un miembro del Cuerpo de Cristo. Que sea una lengua que use para bendecir y un instrumento de justicia. Oro para que mi lengua se convierta en un oráculo por el que tú puedas hablar, para que la fe venga cuando otros me oigan bendecirles. Ayúdame a decir lo que tú estás diciendo.

PARTE III

La activación de la

BENDICIÓN

Capítulo Cinco

❧

El favor de mi hermano

Se acabó la larga espera. Desde el día en que huyó de la ira de su hermano, había supuesto que probablemente iría. Ahora faltaba un día para la inevitable reunión: ¿o sería una pelea? No lo sabía. Engañar a su hermano le pareció algo magnífico en ese momento y ahora casi imperdonable. ¿Cómo te enfrentas a tu hermano después de haberte hecho pasar por él, haber mentido a tu padre ciego y robar lo que debía ser de tu hermano por nacimiento? El temor se apoderaba de él. Jacob se tranquilizaba a sí mismo mientras veía regresar a sus mensajeros. Se habían adelantado para encontrarse con Esaú y avisarle de su llegada. Quizá no había sido una buena idea, después de todo.

Los mensajeros le informaron, diciendo: *"Vinimos a tu hermano Esaú, y él también viene a recibirte, y cuatrocientos hombres con él"* (Génesis 32:6) ¡Demasiado tarde!

Jacob sintió la angustia. ¡Cuatrocientos hombres! Sonaba como un ejército. ¿Por qué? ¡Esaú podía matarles a todos y quedarse con sus posesiones y sus esposas! No debía dejar que el pánico se apoderase de él delante de su familia y compañía. Valor, Jacob lo necesitaba desesperadamente. Pero ¡cuatrocientos hombres! Esaú no debía de tener en su mente una reunión familiar precisamente, sino venganza. Eso fue suficiente. El temor y la angustia se apoderaron de Jacob y rápidamente se decidió a dividir a su gente y sus bienes en grupos separados.

Pensaba: *"Si viene Esaú contra un campamento y lo ataca, el otro campamento escapará"* (Génesis 32:8). Al menos eso era lo que él esperaba.

Faltaba algo en la vida de Jacob, aunque parecía tener todo lo que un hombre de esa época podía tener: esposas, hijos, siervos y animales (bueyes, burros y ganado) (véase Génesis 32:5). Había huido con nada, pero ahora regresaba a casa rico. Los patrones de engaño y fraude que marcaban a Jacob eran algo que realmente nunca le caracterizó ni que intentara arreglar. Esos patrones eran evidentes, desde el momento en que engañó a Esaú con la bendición de la primogenitura, hasta trabajar catorce años para casarse con la mujer que quería, hasta el cambio de su salario siete veces.

Esaú. Ese asunto con su hermano colgaba como un pedrusco de su cuello. ¡Cómo deseaba que todo se terminara! Pero Jacob sabía que no había manera de rodear eso. Y según su manera de verlo, Dios tampoco le estaba proveyendo de una vía de escape. No se volvía más joven, y correr y batallar cada vez le desgastaba más. Lo que quería desesperadamente era su favor. Eso es. No favor de Dios, porque sabía que ya lo tenía, sino favor con el hombre, especialmente con su propio hermano (véase Génesis 32:5).

Jacob estaba descubriendo una clave para vivir la vida en la tierra: operar en la bendición no es independiente de otras personas. Para dirigir un negocio en una ciudad necesitamos el favor de la gente. Después de todo, cuando se trata de negocios y de la vida diaria, tratamos con gente. Se puede tener la bendición de Dios y no la de otros. Eso es lo que ocurrió en el caso de Jacob. Eso mismo que parecía bloquearle para no recibir totalmente ese favor era el problema con Esaú. Dios quería que Jacob finalmente tratase la pelea entre su hermano y él. Dios estaba interesado en que venciera ese problema, no en que se tapara. Jacob era un hombre familiarizado con la bendición y el favor de Dios. Lo que aún tenía que recibir y experimentar era el favor del hombre. Y ese era el momento.

Dar por perdidas las relaciones humanas difíciles es fácil de hacer, pero nunca nos libramos realmente de ellas a menos que confrontemos el verdadero problema. Dios siempre quiere que esas relaciones se sanen. Tener comunión con las personas con quienes tenemos asuntos que tratar es otro asunto. Eso sencillamente no es un requisito. El gozo de difuminar el poder de la culpa que pudiera surgir de una relación rota merece la pena.

Recibir el favor de otros es una bendición. Incluso un matrimonio puede ser maldecido si uno de los cónyuges retiene la bendición al otro (puede llamarlo pura miseria). El hecho de decir y creer: *"Si Dios es por nosotros, ¿quién contra nosotros?"* (Romanos 8:31) no significa que estemos libres de obstáculos y oposición por parte de otros. Esto no quiere decir en ningún modo que comprometamos la voluntad de Dios y su Palabra para agradar a la gente. Me estoy refiriendo al favor de la gente para lograr la voluntad de Dios en una situación. Necesitamos tanto el favor de Dios como el de los demás. Incluso Jesús lo necesitó: *"Y Jesús crecía en sabiduría y en estatura, y en gracia para con Dios y los hombres"* (Lucas 2:52). En ese entonces era aún un niño, y tenía mucho camino por andar antes de llegar a su destino: la cruz.

Aunque algunos de nosotros podemos identificarnos con Jacob y su necesidad de encontrar favor con el hombre, hay momentos en que nos identificamos más con Esaú. No es un secreto decir que el enemigo espera a atacarnos cuando estamos en un tiempo o posición vulnerable, para robarnos nuestra "primogenitura" o posición de bendición. Esos son momentos en que estamos bajos en nuestra fe, heridos o somos susceptibles a la tentación, momentos en que estamos demasiado ocupados, demasiado distraídos y demasiado débiles como para preocuparnos o prestar atención. Sin embargo, algunos de nosotros dudamos de esta estrategia. Antes de poder darnos cuenta, hemos sido desplazados de la bendición y hemos entrado en la maldición. Dios se convierte en el enemigo y la fuente de nuestro dolor, y podemos comenzar a enojarnos con Él. Evidentemente, nuestra sociedad manifiesta esta posición de enojo y anticristo mediante el antisemitismo, quitando la oración en las escuelas, legislando leyes pro aborto y otras cosas parecidas.

¿CÓMO TE LLAMAS?

Jacob se encontraba en el vado de Jaboc y observó a sus dos esposas, sus siervas y sus hijos adentrarse en la oscuridad (véase Génesis 32:22-24). En el otro lado del arroyo esperaban sus siervos con todas sus posesiones. Todo estaba preparado para el encuentro con Esaú al día siguiente. Ahora él estaba solo para hacer frente al peso de ese engaño de hacía tanto tiempo. El incidente había ocurrido hacía mucho tiempo, pero de nuevo, le volvió a parecer como si fuera ayer. ¿Por qué?

En ese momento de desesperación mientras Jacob se preparaba para la llegada de su hermano, clamó a Dios. ¿Acaso no había sido idea de Él que Jacob regresara a casa? Sí, Jacob sabía que no se merecía todo lo bueno que Dios le había dado, pero como esta bondad procedía de Él, la liberación de la "mano de Esaú" también sería algo grande. Jacob era muy consciente de sus responsabilidades como el hombre de la familia y como hombre de negocios. Ahora tenía a su cargo más vidas. Huir ya no era tarea fácil.

Por un momento, se tranquilizó escuchando el fluir del Jaboc... hasta que vio al ángel. En pocos minutos, descubrió que ese era el lugar que Dios había escogido para el combate.

No, no un combate físico. ¿Se imagina a Jacob luchando literalmente con un ángel? Con un movimiento de su dedo, el ángel podría haber mandado a Jacob al espacio, ¡y aún estaría dando vueltas alrededor del globo terráqueo! No, el combate era más de tipo debate. Esta palabra, *combate,* significa "entrar en debate con", o "luchar con la luz". Entonces, ahí estaba Jacob en el vado de *Jaboc* (que significa "derramado"), un arroyo que volcaba sus aguas en el Jordán y luego en el mar Muerto. Él estaba listo para "ser derramado".[1]

Jacob estaba angustiado, pero contento de que Dios le estuviera escuchando. Al menos Dios entendía su dilema interior. Si pudiéramos oír lo que el ángel y Jacob se dijeron, ¿no sería algo semejante a esto?

Ángel: "¿Qué ocurre con lo que le hiciste a Esaú?".

Jacob (sollozando): "Sé que lo que hice estuvo mal". ¡Realmente estaba arrepentido por lo que había hecho! Finalmente, hacía frente a su propia debilidad, el engaño a su padre y robar lo que era de su hermano. "Pero", no quería que Dios pasara por alto este punto, "tú hiciste un pacto con Abraham de bendecir a los que te bendijeran, y yo, Jacob, te he bendecido. ¿No sirve eso de nada?".

Ángel: "Yo también te bendije".

Jacob (con una voz un poco quejica): "Todo ha salido bien salvo este asunto con Esaú".

Deténgase un momento. ¿Alguna vez ha estado en un combate así? Un combate de palabras puede ser tan enérgico y demandante como un combate físico. ¿Le suena esto familiar a alguien?

Esposo: "No te das cuenta que esto ha ocurrido hoy y he trabajado mucho y he estado trayendo el dinero a casa".

Esposa (enojada): "Tú tampoco lo sabes… He estado en casa con los niños, o bien he estado a tu lado todo el tiempo". (No se le ocurra pedirle que le diga cuándo, ¡porque puede que tenga la lista memorizada!).

Jacob culpaba a todos de las cosas malas que le acontecían en su vida. Esaú era demasiado despreocupado, estaba demasiado absorbido con la caza y el bienestar de su propio estómago. Su querida madre, Rebeca, ideó todo el plan para que Jacob consiguiera que su padre Isaac, ciego, le bendijera a él en lugar de a su hermano Esaú. (Era la voluntad de Dios que Jacob tuviera la primogenitura, pero no a través del engaño). Si se acordaba bien, le daba miedo hacerlo, pero ella le vistió con esos atuendos peludos y le llevó a Isaac la comida. Después estaba Labán, su suegro y jefe, un familiar maquinador y engañoso, por decirlo de forma suave. Pensándolo despacio, la inocencia era algo de lo que Jacob tampoco podía alardear. ¿Podría ser que la razón por la que la bendición del favor del hombre le había sido retenida fuera por no aceptar la responsabilidad sobre su propia vida? La idea le incomodaba.

Al amanecer, el "hombre" había terminado, pero Jacob seguía

estando en el caso. Cuando se trataba de conseguir algo que quería desesperadamente, Jacob era como un perro bulldog. Quería el favor de Dios y el de su hermano, y no lo dejaría hasta conseguirlo. La tenacidad era un rasgo característico que había desarrollado muy temprano en su vida. El ángel sabía que no le soltaría hasta que estuviera seguro de lo que vendría. Casualmente, *"tocó en el sitio del encaje de su muslo, y se descoyuntó el muslo de Jacob"* (Génesis 32:25). Bueno, ¡esa fue una manera de terminar una lucha de luchas que duró toda una noche!

Si tuviéramos esa determinación para que Dios nos bendijera, clamaríamos: "Señor, contra ti, contra ti solo he pecado. He pecado y mis reacciones y acciones con otras personas no te han agradado. Por favor, haz algo. Estoy derramando mi alma y todo mi pecado. Mis caminos no han funcionado. No te dejaré ir hasta que tenga esta bendición, y la seguridad de que voy a estar bien".

Y después aguantar hasta que sepamos que lo hemos recibido. ¿No cambiaría eso algunas cosas?

Volvamos de nuevo a esa lucha.

Ángel: "Déjame ir, porque ya amanece".

Jacob: "No te dejaré si no me bendices".

Ángel: "¿Cómo te llamas?".

Jacob (*¿Acaso no lo sabía aún?*): "Jacob".

Esta vez se parecía más a una confesión. Él era "Jacob": el "embaucador, suplantador, engañador" o quizá incluso "Jack el sucio". Estaba diciendo literalmente: "Lo confieso; soy un engañador y un manipulador. Hago ciertas cosas hasta salirme con la mía. Soy una paloma buchona. Haré pucheros hasta que consiga lo que quiero y logre que todos se sientan mal hasta que alguien ceda".

Finalmente, Jacob estuvo dispuesto a admitir sus faltas.

Ángel: *"No se dirá más tu nombre Jacob, sino Israel; porque has luchado con Dios y con los hombres, y has vencido"* (Génesis 32:28).

Dios estaba declarando una nueva naturaleza sobre la vida de Jacob, sellada con un nuevo nombre. Él necesitaba una nueva naturaleza, algo que no le marcara negativamente. Jacob lo obtuvo. En ese momento, Jacob recibió no sólo la bendición de Dios, sino también la bendición del hombre. Cojeando para reunirse con su familia al día siguiente, Jacob era un hombre nuevo (véase Génesis 32:27-32).

La mañana trajo algo más que alivio para Jacob (quiero decir, para Israel): trajo sanidad y restauración. Esaú iba corriendo a saludarle con un abraza y un beso. Se acabaron los temores por su temido encuentro. Tenía el amor y el perdón de su hermano. La nueva naturaleza de Jacob se había asentado, y ya no necesitaba más manipular a nadie. Y Esaú, bueno, finalmente pudo seguir con su vida. Jacob/Israel entendió que su nuevo nombre de prevalecer estaba conectado a su nueva naturaleza de bendecir: no sólo bendecir a Dios, sino también bendecir a aquellos que Él había creado a su imagen.

AL AIRE LIBRE

En última instancia, muchos de nosotros somos como Jacob: descubrimos que manipular no es la forma de obtener la bendición (con suerte, antes de que sea demasiado tarde). La manipulación es una característica del enemigo de nuestra alma, incluso del "espíritu de Jezabel". Contrariamente a algunas creencias populares, Jezabel no es una mujer con labios pintados de rojo. De ser así, hace mucho que nos hubiéramos desecho de ella. El espíritu de Jezabel funciona a través del engaño y la manipulación, y en el relato bíblico resultó actuar a través de una mujer (véase 1 Reyes 21:5-15). La manipulación es una persona tirando de otra. Es un síntoma de no confiar en Dios, sino apoyarnos en nuestra propia fuerza para conseguir lo que queremos. Es buscar a alguien que nos aconseje, que nos diga las cosas adecuadas o que nos dé el remedio mágico para arreglar nuestra situación. Sin embargo, seguimos sin cambiar ni arreglar nada. ¿Por qué? Quizá muy dentro de nosotros está instalada la naturaleza de Jacob que tenemos que confrontar y romper.

De hecho, Dios está diciendo algo como esto sobre nuestras vidas: "He declarado sobre ti durante siglos que eres 'Israel'. Desde el principio he dicho que eres un hombre (o mujer) de Dios, pero no pudiste recibirlo hasta que llegaste a este lugar de confrontación donde, en vez de culpar a otros, admites la vieja naturaleza".

Un corazón dispuesto y arrepentido responde de esta manera: "Yo soy el hombre (o mujer) que pecó. Metí la pata y nadie me forzó a hacerlo. No fueron mis padres, ni mis hijos. Yo tomé una decisión, y al hacerlo retuve la bendición de Dios. Ahora vengo a ti hoy pidiéndote que me perdones y me liberes de tener el mismo espíritu que tuvo Jacob. Quiero el espíritu de Israel, de alguien que prevalece con Dios y coopera con Él".

Al nivel en que estemos dispuestos a tratar el yo es el nivel que tendremos de bendición. Cualquier tendencia de tipo "Jacob" en nosotros impedirá que consigamos la bendición completa. La muerte a la naturaleza de "Jacob" comienza con la confesión de nuestras faltas y soltando el control sobre nuestras propias vidas. Nuestros ojos finalmente se abren a nuestros propios caminos sin salida, y nos convertimos en participantes voluntariosos de la buena naturaleza de Dios. Le oímos declarar la nueva naturaleza sobre nosotros, y somos transformados. Dejamos de aferrarnos a lo viejo y somos libres.

LAS TRES BENDICIONES DEL HOMBRE

Dios estaba contento. Desde la tierra y los mares hasta los animales y la humanidad, vio que su creación era buena y perfecta. Así que añadió el toque final: la bendición.

Y los bendijo Dios, y les dijo: Fructificad y multiplicaos; llenad la tierra, y sojuzgadla, y señoread en los peces del mar, en las aves de los cielos, y en todas las bestias que se mueven sobre la tierra (Génesis 1:28).

Ese fue un momento supremo y el término de su obra. Estaba la creación y después la bendición. La bendición no fue la creación, sino lo que Dios declaró de ella.

Se liberaron tres bendiciones sobre la humanidad en la declaración de Dios. En primer lugar, sean fructíferos. Esta es la multiplicación de la humanidad. La bendición de la multiplicación es para que dupliquemos la vida de Cristo que llevamos dentro. En segundo lugar, para multiplicar y causar crecimiento. La idea es que seamos mayordomos de lo que hemos recibido. No creo que esto se refiera a nuestro nivel económico solamente. Tenemos mucho que supervisar en cómo manejamos nuestra vida y su influencia sobre otros. En tercer lugar, para ocupar y sojuzgar: "tomar espacio". Como creyente en Cristo, significa que también tenemos que dejar que la gloria de Cristo llene a todos los que nos rodean. En un sentido, somos llamados a ejercer influencia en la esfera de nuestros contactos. Esta influencia se multiplica a través de la bendición.

Las tres bendiciones nos llaman a tener una relación adecuada con otras personas; de ahí nuestra necesidad de su favor. Estas relaciones son vitales para vivir y prosperar en la vida. Esto era algo que Jacob finalmente reconoció. Aislarse de la sociedad y relacionarse poco en muy raras ocasiones es algo bueno para la sana existencia de una persona.

La intención de Dios para su creación era reproducirse, ensanchar y prosperar. Había aquí un universo enorme y una hermosa tierra, ¡y sólo dos personas! Algo más. Dios quería aumento, y es aquí donde entró en juego la bendición. La bendición sobrepasa el punto de supervivencia y mantenimiento hasta llegar a un lugar de crecimiento y alineamiento de las cosas con los propósitos de Dios. Es ir del punto original de nacimiento hasta el punto de plena abundancia. De un pez, Dios quiere más peces hasta que el océano esté lleno de peces de su especie. O en un matrimonio que tan sólo sobrevive, Dios quiere que la relación sea excelente para que crezca. Son creyentes que tienen influencia en una familia, un trabajo o una comunidad que va más allá de solamente sobrevivir. Para algunos, "normal" podría significar ser un vergonzoso que no corre ningún riesgo. La intención de Él no es que nos integremos. Tenemos que hacer que algo crezca y florezca, porque hay algo vivo en nosotros. La bendición produce oportunidades para que podamos mostrar la bondad de nuestro Dios. Piense en Daniel. Pasó de tan sólo sobrevivir a la abundancia. Una reina le recomendó a un rey pagano para resolver el misterioso escrito en una pared:

> *... por cuanto fue hallado en él mayor espíritu y ciencia y entendimiento, para interpretar sueños y descifrar enigmas y resolver dudas; esto es, en Daniel, al cual el rey puso por nombre Beltsasar* (Daniel 5:12).

¡Qué reputación! Daniel dejó su huella en su mundo mientras vivía en una cultura extraña y pagana. No importó su situación; Daniel permaneció fiel a Dios e influenció a un rey y su reino. Por eso, Dios le honró grandemente aún en una tierra extraña. No se quejó por tener que servir a un rey pagano, sino que siguió prosperando, influyendo y viviendo su vida para afectar al mundo que le rodeaba. ¿Cómo? Daniel vivía en la bendición y cooperaba con Dios, y tenía el favor del hombre.

DONDEQUIERA QUE HAYA AGUA

¡Ah, la bendición! Ideada por Dios y liberada por decisión humana. Dicha sobre la creación, la deben repetir y creer los receptores de esa bendición.

> *Y los bendijo [barak] Dios, y les dijo: Fructificad y multiplicaos...* (Génesis 1:28).

Fuimos creados para ser portadores de la reserva de bendición desde el comienzo. Cuando es necesario, una reserva de bendición puede suplir el ingrediente de la vida que hará que algo crezca y se multiplique. La naturaleza de Dios es bendecir, y eso es algo que llevamos también en nuestro ADN espiritual. Cuando vea que algo en su vida se estanca o se vuelve improductivo, libere el depósito de bendición que lleva consigo.

Todos podemos aprender a bendecir. Su Palabra está llena de

oraciones de bendición y palabras de vida que pueden hacer que vuelva a la vida la cosa más muerta, ya sea un matrimonio sin vida o un hijo rebelde.

Hemos recibido muchos relatos de padres que han experimentado cambios increíbles en sus hijos al cambiar de maldecir a sus hijos con amenazas de futuros fracasos a bendecirles con expectativas de futuro.

Abraham se convirtió en una reserva de este tipo para las familias de la tierra: una reserva de bendición. Su fe en Dios ha afectado a generaciones durante siglos. Hemos sido adoptados en la misma familia de la fe mediante Jesucristo. Tenemos la misma invitación que recibió Abraham. Incluso su descendiente, Jacob, tuvo que desbloquear lo que impedía que fluyera la corriente de bendición.

Dios no nos prometió unas gotas de agua. No sólo dijo un "estanque", sino que Jesús dijo "ríos". El Señor siempre rebasa nuestras expectativas. Jesús prometió *"ríos de agua viva"* que fluirían de nuestro *"interior"*: la misma agua que denota bendición (véase Juan 7:38). Esos "ríos" son *potamós* en griego,[2] y hablan de agua que no está infectada por los gérmenes (maldición), sino que es potable o apta para el consumo. Los ríos de los que se puede beber cambian vidas. David dijo: *"Mi copa está rebosando"* (Salmos 23:5). No se refería a una taza de té, elegante y pequeña, sino que el término se refiere a un abrevadero que permitía que muchos se juntaran y bebieran. Su copa estaba siempre rebosando, nunca estática y añeja.

Una reserva tiene un fluir continuo con un influjo equivalente. Si dejamos de dar, entonces dejamos de recibir. Proverbios dice: *"El alma generosa será prosperada; y el que saciare, él también será saciado"* (Proverbios 11:25). La sencilla verdad es que somos bendecidos porque bendecimos. Dios no se deleita viendo a sus hijos luchando por sobrevivir, y nacer de nuevo no significa que tengamos la corriente de bendición fluyendo. La mayoría de los creyentes se conforman con sólo tener cubiertas sus necesidades sin reconocer que la bendición aumenta su capacidad de ayudar a otros. El Cuerpo de Cristo tiene que pasar de creer en Dios para cubrir sus necesidades a comenzar a caminar en las riquezas y la abundancia del Señor.

Dios no nos responde sobre la base de nuestra necesidad, sino sobre la base de nuestra fe. Si piensa que lo único que necesita es una necesidad mayor que la de otra persona para recibir ayuda, se decepcionará. La Escritura dice: *"... Pero cuando venga el Hijo del Hombre, ¿hallará fe en la tierra?"* (Lucas 18:8). No dijo: "Encontrará necesidad". La bendición es actuar en fe declarando que sabemos que es la intención de Dios para la situación.

Hay muchas familias que viven bajo una maldición económica y física que les impide prosperar. Algunos han crecido alrededor de la maldición negativa culpando a otros de su carencia. Se han acostumbrado a maldecir a los miembros de su familia, y de esta manera se perpetúa el proceso generacional en su familia. Usted puede detener el progreso de la derrota en su familia rompiendo este ciclo y comenzando a aprender a bendecir y no a maldecir. Usted puede romper la maldición avanzando la bendición.

Reprender al devorador demuestra ser un bloqueo a la bendición. Por ejemplo, podemos dar de menos a Dios, pero perdemos cuando se trata de nuestro dinero.

Malditos sois con maldición, porque vosotros, la nación toda, me habéis robado (Malaquías 3:9).

Esta fue la instrucción.

Traed todos los diezmos al alfolí y haya alimento en mi casa; y probadme ahora en esto (Malaquías 3:10).

Y esta es la recompensa que Dios desea dar por obedecer.

Si no os abriré las ventanas de los cielos, y derramaré sobre vosotros bendición hasta que sobreabunde. Reprenderé también por vosotros al devorador, y no os destruirá el fruto de la tierra, ni vuestra vid en el campo será estéril, dice Jehová de los ejércitos. Y todas las naciones os dirán

*bienaventurados; porque seréis tierra deseable, dice Jehová
de los ejércitos* (Malaquías 3:10-12).

De algún modo, es más fácil a veces restarle importancia o explicarlo para descartarlo. Diezmar siempre es una prueba del corazón. Jesús habló más acerca del dinero y de dar que de cualquier otro tema. No fue porque quería atesorar, sino que era una prueba para ver si una persona verdaderamente estaba lista para seguirle. Confesar que amamos a Dios y luego no darle lo que nos pide es invitar a que venga la maldición sobre nosotros. La retención se convierte en un obstáculo que impide que llegue la bendición. No hay una bendición divina sin un corazón obediente a la hora de honrar a Dios con nuestra sustancia (véase Proverbios 3:9).

Las ventanas del cielo están listas para abrirse sobre nosotros, pero sería injusto que Dios hiciera algo así si estamos siendo negligentes con su principio de la bendición. Las bendiciones de Dios son siempre mayores que nuestra contribución, y vienen con una garantía de que Él reprenderá al devorador. Ahora podemos pagar de sobra la factura de la luz y apartar las garras del diablo de nuestras cosas. Al hacerlo, estamos representando la bondad de Dios para todo aquello sobre lo que tenemos influencia.

El favor nos destaca. Ya sea de Dios o de la gente, el favor es algo evidente mediante la vida que uno vive. Las riquezas materiales de Jacob, su éxito y protección eran evidencias del favor de Dios sobre su vida. Reconciliarse con su hermano fue la prueba inicial de que había sido transformado de ser un engañador a alguien que ha prevalecido con Dios mediante la bendición. Lo único que hace es mejorar a partir de aquí. El viaje de Jacob por la vida mostró tanto favor que su autoridad afectó a toda una generación y marcó un hito en la historia.

Israel era un nombre que reflejaba su nueva naturaleza como bendecidor. La gente ya nunca le veía como un hombre mañoso y engañador, sino como un hombre bendecido con el que querían estar. Nuestro nombre lo podemos escoger nosotros mismos: o bien ser un bendecidor o un maldecidor. Las etapas y circunstancias de la vida no son siempre factores determinantes. Dios nos promete un nuevo nombre escrito en gloria. Está en una piedra blanca, y nadie lo conoce sino Aquel que lo escribió. Pero algún día lo conoceremos. ¿Qué nombre se escribirá para usted y para mí? Nosotros lo decidimos. Es nuestro llamado; la bola está en nuestro campo. ¿Tenemos los puños cerrados, o en nuestro dolor hemos enterrado muy hondo los obstáculos para caminar plenamente en esa bendición que Dios planeó? Es hora de reponer y confrontar cualquier cosa que pudiera retenernos. En el proceso, puede que encontremos algunas sorpresas de Dios por el camino. Finalmente, el favor de Dios en nuestra vida produce una confianza eterna, pero el favor de la gente hace que sea más fácil lograr la voluntad de Dios para nosotros en la tierra. Necesitamos ambas. No hay nada mejor que tener el favor del Señor reposando en una vida que está consagrada a ser alguien que bendice.

ORACIÓN

Padre, libéranos de estos ciclos religiosos donde estamos bien durante un tiempo, hasta que ocurre algo y metemos la pata, nos sentimos mal con ello, nos avergonzamos o desanimamos y después nos sentimos mejor hasta que volvemos a meter la pata. Llévanos a un lugar como hiciste con Jacob, donde rompamos esos ciclos de "Jacobismo". Un lugar donde no nos defraudemos los unos a los otros, ya sea entre esposo y esposa, hijos y padres, padres e hijos, etc. No queremos robarte más.

Transfórmanos para convertirnos en un pueblo de bendición. Llénanos con bendición, como dice Proverbios: "El hombre fiel estará lleno de bendición". Que estemos tan llenos de bendición que no tengamos que pensar en ello, sino que salga de nuestra boca fácilmente y podamos decir a otros:

"Que el favor y la bendición de Dios reposen sobre ti.

Que todo tu destino se cumpla en ti. Que tus hijos te amen y tú ames a tus hijos. Que seas bendecido en el Reino de Dios y también aquí en esta tierra. ¡Que el Dios de toda bendición te abrume!. Que seas fructífero, te multipliques y ocupes y digas: '¡Miren lo que ha hecho el Señor!'".

Queremos ser capaces de decir este tipo de cosas las creamos ya o no, sólo porque tú las creíste. De esta forma, estamos diciendo lo que tú estás diciendo y estamos de acuerdo. Oro por cada familia donde ha habido maldición. Rompo ese ciclo sobre ellos de maldición, división y mal lenguaje los unos con los otros. Que tu Reino venga y se haga tu voluntad. Que el poder de Cristo el Ungido se levante dentro de nosotros para que podamos bendecir incluso a nuestros jefes y a aquellos que nos rodean, y que no nos conformemos al entorno del mundo sino que creemos uno a través de la bendición.

Espíritu Santo, deja que se produzca esta lucha dentro de nosotros para que lleguemos a convertirnos en las personas que quieres que seamos. Gracias por el comienzo de la bendición. Libéranos de la pobreza, enfermedad, falta de perdón y de conformarnos con la supervivencia. Llévanos a la salud y la plenitud.

Capítulo seis

※

Romper el silencio

¡QUIERO DARLE UN ascenso y un aumento de salario!".

Ella saboreó las palabras por un rato, preguntándose si estaba escuchando correctamente. ¿Podría ser aquello un sueño? ¿Era realmente su jefe? ¿El hombre que, durante tanto tiempo como ella trabajó para él, no había mostrado señal alguna de querer darle un ascenso o un aumento de salario? Hasta hacía unos segundos, ella no había visto ningún curso de acción sino el de abandonar y poner fin a su miserable experiencia. Sin duda, el giro de los acontecimientos sólo podía remontarse a un cambio significativo que ella había realizado unos días antes: la decisión de bendecir al hombre al que despreciaba. Y eso no había sido fácil.

Ella recordó la conversación que había tenido con una amiga y que le instó a que bendijera a su jefe hacía solamente dos días. Su amiga había oído un mensaje sobre la bendición, y lo compartió anhelante con ella.

Bien, ella no estaba convencida. Después de escuchar el mensaje sobre el poder de la bendición, decidió intentarlo; no tenía nada que perder. Ya que ella era la gerente de la oficina y solía llegar allí temprano, comenzó a orar para que las intenciones divinas fuesen liberadas sobre su jefe y sobre el resto de la oficina. Repitió el mismo proceso el jueves. La gran sorpresa salió a la luz el viernes. Su jefe le llamó a su oficina.

Su primer pensamiento fue que la iba a despedir, sabiendo que había estado en un punto muerto por varios meses. Él comenzó diciendo: "Necesito disculparme con usted. Sé que he estado distante, y usted merece algo mejor". Continuó diciendo: "Sé que ha estado decepcionada porque no consiguió el aumento de salario prometido. Bien, contando desde hoy, voy a darle un aumento con efecto retroactivo desde el momento en que debería haberlo recibido, junto con un ascenso". Ella se quedó sin habla ante el rápido cambio que llegó sencillamente al haberse ajustado a bendecir y dejar de maldecirle ante cualquiera que quisiera escuchar. Las intenciones originales de Dios, cuando son apropiadas, producen resultados increíbles. Ella no fue la única. Tomemos, por ejemplo, a una pareja de cuya historia tuve el privilegio de ser testigo.

Casi no podían hablar mientras leían la carta de sus dos hijos adolescentes. En esa carta había sanidad, arrepentimiento y gozo; pero no siempre fue así. Tan sólo una semana antes, esta pareja estaba fuera de sí porque sus hijos estaban fuera de control y su familia estaba al borde de la destrucción. Esos dos hijos eran rebeldes y causaban problemas, empujando a su hogar a convertirse en cierto tipo de zona de guerra. Se convirtió en ellos contra nosotros, y viceversa. ¿Qué les había sucedido a los dulces niños que ellos habían criado?

Al asistir casi obligadamente a otra reunión de la iglesia, oyeron algo diferente. Era un mensaje de esperanza; oyeron el mensaje del poder que hay en bendecir a otros. ¡Ellos entendieron esa verdad con la esperanza de que sus hijos regresasen por medio de la bendición de ellos! Ya conocían la parte de repetir lo malos que eran los niños y relatar de nuevo su rebelión a los consejeros. Era momento de probar una estrategia diferente. Ellos iban a bendecir en lugar de maldecir. Comenzaron a sustituir las palabras enojadas y las expresiones de desengaño por palabras de amor y bendición: una transición difícil. Decididos a llevarlo adelante, los padres permanecieron y proclamaron bendiciones sobre sus hijos. Entonces lo vieron: las actitudes cambiaron, el trabajo escolar mejoró, y la paz llegó a su casa. Ellos sabían que la guerra había terminado. La bendición estaba allí.

También los hijos se convirtieron en personas que bendicen. Garabateadas en aquella hoja de papel estaban sus palabras de amor para su padre y su madre, expresando sus corazones cambiados. Ellos estaban agradecidos y reconocían el amor de sus padres, su bondad y su negativa a darles la espalda. Los hijos anteriormente rebeldes habían regresado a casa. ¡Todo ello en cuestión de una semana! El camino de Dios es el mejor camino, aunque a veces puede que no tenga sentido en absoluto en nuestra mente. Pero siempre nos ahorra una tristeza innecesaria.

SÓLO UNA SOMBRA

Nada de agua. Con el sol abrasador sobre kilómetros y kilómetros de terreno seco, cada centímetro de humedad era absorbido, mostrando el calor sobre sus rostros. Ese día era especialmente brutal. Los sonidos y los balidos de los animales sedientos y la murmuración de las masas pidiendo agua no era modo de continuar un viaje (véase Éxodo 17:1-7). Moisés tenía que hacer algo. Egipto, el lugar de donde acababan de salir, ¡se convertía cada vez más en la Tierra Prometida! La sed y el cansancio llevaron el pensamiento de la multitud hasta el punto en que Egipto se convirtió en "los viejos y buenos tiempos", y eso se expresaba entre las masas con murmuraciones y clamores que decían: "Egipto era mucho mejor". En realidad, Egipto nunca fue lo bueno que se decía. ¡Ellos habían olvidado rápidamente el duro trabajo y los látigos de aquellos capataces!

Las instrucciones de Dios llegaron a Moisés en el momento oportuno. "*Golpea la roca*" para obtener agua. Moisés lo hizo, y la sed de una multitud quedó satisfecha; hasta la próxima vez.

Volvían a estar en un lugar seco, y los israelitas tenían sed (véase Números 20:1-13). Fue casi una repetición de la primera historia: masas sedientas, personas que se quejaban, instrucción divina. Esta vez, sin embargo, el Señor le dijo a Moisés que *hablase a la roca*. Moisés seguía poseyendo la autoridad de Dios para golpear la roca, pero se le dijo que hiciera algo diferente. No usar la vara. Era un nuevo período.

A esas alturas, la queja continua estaba irritando a Moisés. Y es comprensible, porque no muchos líderes podrían hacer lo que

Moisés estaba haciendo: dirigir a más de dos millones de personas por tierras hostiles hasta un lugar prácticamente desconocido. Con muchas personas que renegaban y se quejaban en la mezcla que anhelaba Egipto, Moisés estaba frustrado. También él estaba sediento y cansado. Su hermana Miriam acababa de morir. ¿Es que no podían ver eso ellos? Pero ellos estaban demasiado absortos en sus propias circunstancias para entender que Dios estaba dirigiendo a Moisés hacia la promesa.

Claramente a solas en su propio dolor y frustración, Moisés estaba a punto de estallar. Estaba tan enfocado en las quejas del pueblo que pasó por alto las instrucciones del Señor de solamente hablar y no golpear. Las primeras palabras de Moisés fueron dirigidas al pueblo en lugar de hablar a la roca. Él levantó su vara y gritó al pueblo: "¡Pueblo rebelde! ¿Sacaré agua de la roca para ustedes?". Tomando su vara, golpeó la roca no sólo una vez, ¡sino dos! Salió agua dulce y fresca al igual que antes. Pero para Moisés, su viaje a la Tierra Prometida había llegado a su fin. Ahora sólo quedaba mirar y disfrutar la promesa.

Maldecir a la roca tuvo un alto costo. La reunión ante la roca la segunda vez había de ser una demostración profética de la bondad de Dios. Dios quería que Moisés le representase como el Dios de bendición a quien podía hablarse. Dios le dijo a Moisés: "Esto sucedió porque tú no me creíste, y por tanto no me honraste delante del pueblo. Se ha revelado tu incredulidad". La maldición es una forma de incredulidad, porque si realmente creyésemos a Dios y en lo que Él quería hacer, estaríamos bendiciendo la roca (las intenciones divinas de Dios).

Moisés, como muchos de nosotros, quedó fijo en las circunstancias hasta el punto de perder de vista la perspectiva de Dios sobre lo que había de llegar. La bendición es profética porque es capaz de ver el modo en que deberían ser las cosas, y no el modo en que aparentan ser en el momento. Desobedecer a Dios, sin importar la excusa, no vale la pena. Ni siquiera cuando los actos o palabras de otras personas nos molestan. Moisés descubrió esto demasiado tarde. *Sí, él oyó a Dios, pero su molestia con el pueblo le sobrepasó.* La tentación de dejar a Dios a un lado está ahí cuando estamos enojados por lo que otras personas están diciendo o haciendo. Sin embargo, los detalles de las instrucciones de Dios no pueden pasarse por alto. Producir resultados únicamente por nuestra propia fortaleza y esfuerzo menosprecia y deshonra a Dios. La maldición es, en cierto sentido, golpear a Jesús: la Roca. Repito: maldecir es situar algo en una posición más baja de la que Dios ha querido. Quienes fueron sacados de Egipto puede que fuesen insoportables en aquel momento, pero Dios les veía como sus escogidos, no como rebeldes. Hablar a la roca era un acto profético que representaba el nuevo pacto que habría de llegar. Moisés se perdió esa parte; no se detuvo a pensar acerca del significado de su obediencia en aquel momento. Esa roca en el desierto era un tipo de Cristo. Al lado de ellos estaba el potencial para tener agua en cualquier momento que bendijeran o hablaran a la Roca, no sólo en los momentos de crisis. Bajo el nuevo pacto, Jesús la Roca habita en nuestro interior. Él es Cristo en nosotros, la esperanza de gloria. Por tanto, cuando yo le bendigo a usted estoy bendiciendo al Cristo en usted, Aquel que puede dar la vuelta a las cosas de modo creativo y regar el seco desierto en usted. Podemos decir con confianza:

"Jesús, tú eres el Señor Dios que me sana. Tu puedes el Dios de mi provisión y salvación. Tú eres Jehová Shalom. Tú eres Jehová Jiré, el Dios de mi provisión".

Él es todas esas cosas y más. Y tal como es su nombre, así serán sus alabanzas.

¿QUÉ DIRÍA USTED?

"Moisés dice que debe ser apedreada", declararon los fariseos. Al ver que esa era una oportunidad para agarrar a Jesús, le preguntaron: "Tú, pues, ¿qué dices?".

La mujer fue agarrada en el acto de adulterio, y su castigo ya estaba establecido, escrito por ley: muerte por apedreamiento (véase

Juan 8:1-11). Ellos esperaban la respuesta de Jesús, con la esperanza de encontrar una incoherencia en su enseñanza, esperando que Él dijera algo en contra de la ley de Moisés.

Era Jesús, el Redentor de ella, el Dios de toda la creación en forma humana. Jesús no iba a entregarla a sus acusadores, a aquellos dispuestos a maldecirla. Jesús convirtió la maldición contra ella en libertad mediante la bendición. La bendición no es una cobertura para el pecado, sino una liberación de la maldición del pecado. Era fácil para los líderes religiosos acusar la vida de esa mujer como si nunca fuese a cambiar. Ellos estaban dispuestos a marcarla como condenada. Jesús vio el potencial en su vida cuando ella fue liberada del pecado. En este caso, el Bendecidor resistió al acusador. La bendición siempre triunfa sobre la maldición.

"El que de vosotros esté sin pecado sea el primero en arrojar la piedra contra ella". Esa fue la respuesta de Jesús.

Bien, eso duele. Él acababa de aguarles su fiesta de apedreamiento. Cada uno de ellos sabía en su corazón que no era inocente. Lentamente, se fueron alejando al condenarles sus propios corazones. La mujer quedó a solas delante de Jesús, aún desaliñada y anonadada, ¡pero iba a vivir! Aunque había sido culpable, y ella lo sabía. Jesús seguía escribiendo en el suelo. ¿Qué ocupaba la mente de este misericordioso Hombre? ¿Y qué estaba escribiendo?

Él se enderezó sólo para preguntar dónde se habían ido sus acusadores y quienes la maldecían. Ella sabía que se habían ido, al haber oído los golpes de las rocas que caían de sus manos y el sonido de sus mantos al retirarse lentamente. Ella respondió: "No sé, Señor".

"Ni yo te condeno; vete, y no peques más". Y así, ella fue liberada de su pecado.

¡Qué contraste tan obvio entre Jesús y los fariseos! Cada uno sembró algo diferente en el corazón de la mujer adúltera. Los fariseos sembraron condenación, mientras que Jesús sembró perdón, esperanza y vida. La bendición hace eso. Deposita semillas de vida en los corazones y las vidas de las personas, al igual que Jesús hizo. Esa semilla de bendición tiene una huella que dice: "Aquí está tu destino; camina en la plenitud y el propósito de Dios". Jesús rompió el silencio. Como siempre, Dios toma la iniciativa y rompe el silencio para liberar una vida que fue descartada por la sociedad. Entonces Él nos dio el mismo potencial: la capacidad de romper el silencio. Los Balac de esta vida siempre nos dirán que estemos callados si no estamos repitiendo sus deseos (véase Números 23:25). Pero eso no debería evitar que liberemos el corazón de Dios ante las personas (véase Números 23:20). Aunque puede que no encontremos algo que decir en nosotros mismos, la Palabra de Dios tiene mucho que decir. Dios tiene muchas cosas buenas que decir sobre las personas, y el Espíritu Santo siempre está dispuesto a darnos las palabras que hablar cuando nosotros no tengamos ninguna.

Romper el silencio es como arar la tierra. Las palabras son como semillas que rompen la tierra cuando caen o son plantadas. Si solamente hablar hace eso, piense en lo que pueden hacer la alabanza y la adoración en el terreno duro. La alabanza y la adoración rompen el terreno en barbecho de nuestros corazones. Honrar a Dios mediante nuestra adoración es el remedio para un corazón o una boca que no tienen ganas de bendecir. Nos suaviza. La semilla entonces seguramente encontrará terreno bueno. En el huerto de Edén había dos importantes árboles que tendrían impacto sobre el futuro de la humanidad. La mayoría de nosotros estamos familiarizados con el árbol del conocimiento del bien y del mal. Adán y Eva tenían prohibido comer de ese árbol, y desde ese árbol el diablo presentó un argumento racional seductor para comer; él apela a la estética y da justamente en el punto. "Si comes de este árbol serás como Dios". La racionalidad es que Dios le está ocultando algo, y si usted come de ese fruto será independiente de Dios porque será como Dios. Sabemos que cuando ellos mordieron esa mentira, entraron en una maldición que les hizo adoptar la naturaleza del acusador, el diablo, y ser expulsados del paraíso.

El otro árbol era el árbol de la vida. A Adán y Eva nunca se les prohibió comer de ese árbol; de hecho, podían comer diariamente de ese árbol. El árbol de la vida era el árbol de la bendición. Cuando ellos comieron de ese árbol fueron conscientes de la bondad de Dios y de su bendición, y podían haber vivido en el paraíso para siempre. Cuando maldecimos lo que Dios ha bendecido, nos encontramos comiendo un fruto que nos alejará más aún de las promesas de Dios. Sin embargo, cuando bendecimos somos atraídos hacia un árbol que produce la sanidad y prosperidad para el alma. En cambio, la bendición nos acerca más a la realidad de nuestro destino.

Cristo nos redimió de la maldición de la ley, hecho por nosotros maldición (porque está escrito: Maldito todo el que es colgado en un madero) (Gálatas 3:13).

La semilla de vida que Jesús plantó es incorruptible (véase 1 Pedro 1:22-23). Es la semilla con una promesa que llegó por medio de Abraham.

Ahora bien, a Abraham fueron hechas las promesas, y a su simiente. No dice: Y a las simientes, como si hablase de muchos, sino como de uno: Y a tu simiente, la cual es Cristo. Esto, pues, digo: El pacto previamente ratificado por Dios para con Cristo, la ley que vino cuatrocientos treinta años después, no lo abroga, para invalidar la promesa (Gálatas 3:16-17).

Esta semilla de bendición que llevamos en nuestro interior es el ADN que no puede ser corrompido. No hay iniquidad alguna en esta semilla. Cuando la bendición se siembra en el corazón de otra persona, hace que el árbol de la vida eche raíces y comience a desplazar a las raíces generacionales de maldición.

En ese increíble intercambio, ahora podemos cambiar muerte por vida. Ser *"crucificado con Cristo"* es entregar nuestra naturaleza caída a cambio de su naturaleza resucitada (véase Gálatas 2:20). *Parte de ser crucificado con Cristo es crucificar esa parte de nuestra naturaleza que maldice lo que Dios ha bendecido.* Poner en práctica la nueva naturaleza de ser un bendecidor eleva la vida y la unción de Cristo, la cual rompe los yugos de maldición en las personas capturadas por ella.

EL LUGAR DONDE ESTAR

Dios ya ha hablado. Cuando Él habla hoy, es para confirmar algo que ya ha dicho anteriormente. Su Espíritu Santo nunca contradice su Palabra; la desempeña con cooperación precisa, al igual que hizo en la creación. Dios habló y su Espíritu se movió. Nada se materializó hasta que Dios lo dijo, lo cual puso en movimiento a su Espíritu para crear materia de la nada. Dios Padre habló y el Espíritu lo hizo.

Y la tierra estaba desordenada y vacía, y las tinieblas estaban sobre la faz del abismo, y el Espíritu de Dios se movía sobre la faz de las aguas. Y dijo Dios: Sea la luz; y fue la luz (Génesis 1:2-3).

El Espíritu escuchó la voz del Padre. La voz de Dios movió a su Espíritu a la acción. Existía una conexión definida entre "la voluntad que decía" y el movimiento del Espíritu Santo. La autoridad del Espíritu Santo está basada en el Padre y el Hijo, porque ellos son Uno. Esto es el trino: la unidad de la Trinidad. Esto es acuerdo divino.

Al final de los tiempos podemos encontrar otro acuerdo dinámico en la Esposa de Cristo.

Y el Espíritu y la Esposa dicen: Ven. Y el que oye, diga: Ven (Apocalipsis 22:17).

¿Ha visto que el Espíritu y la Esposa están ambos hablando y no sólo meditando con buenos pensamientos? Ambas partes están expresando el corazón del Padre. El "dúo dinámico" de la Palabra y su Espíritu ejecuta las bendiciones habladas del Señor. Nosotros nos unimos a esa misma unión. Cuando bendecimos lo que el Señor bendice, estamos de acuerdo con el Espíritu. Cuando alguien maldice lo que Dios ha bendecido, está en conflicto con el Espíritu y, así, entristece al Espíritu de Verdad. Las personas dadas a la maldición tienen más probabilidades de ser engañadas que quienes bendicen. Quienes están entregados a la bendición están en unidad con la Verdad.

*Si permanecéis en mí, y mis palabras **permanecen** en vosotros, pedid todo lo que queréis, y os será hecho* (Juan 15:7).

Permanecer significa literalmente "armar" la tienda de Él. La Palabra de Dios quiere acampar en nuestras vidas. Él no sólo va a ser nuestro vecino, sino que se traslada y toma el control. Cuando nosotros armemos nuestra tienda en su Palabra, Él armará su tienda en nuestro corazón. El Espíritu Santo toma el *logos* (la palabra dicha de Dios) y lo convierte en el *rhema* (la palabra revelada de Dios o la palabra de Dios que dice) y se convierte en revelación. Las palabras de Dios son tejido o sustancia espiritual (véase Juan 6:63). Tienen vida por sí mismas, y son lo bastante poderosas para transformar mentes con la vida de Dios.[1]

Acampar con Dios en su Palabra es una posición de bendición. Él no podría haber hecho más fácil el encontrar su corazón y su voluntad. Sus palabras se apoderan de nuestros corazones, y por la fe las proclamamos.

Cuando utilizamos la Palabra de Dios para declarar bendición sobre una persona o situación, tal como el Espíritu se cernía (literalmente, "inseminaba") sobre las aguas en la creación, el Espíritu es liberado para obrar según la bendición del Señor.[2] Si conoce a alguien atado por las drogas, puede bendecir a esa persona declarando las intenciones de Dios sobre ella, contrariamente a aquellos que simplemente le recuerdan lo malvada que es. La bendición no se enfoca en lo que está sucediendo en el momento, sino que su intención está en lo que era intención original de Dios. La maldición hace que la persona se sitúe en un desvío en la vida. La bendición ilumina el camino que Dios quiso que esa persona tomase.

Sin duda alguna, este es un cambio radical para algunos que están acostumbrados a quedarse sentados en el asiento de los escarnecedores. El desatar la palabra creativa de Dios mediante nuestra boca se produce desde el asiento de quienes bendicen y no maldicen, tal como Jesús nos enseñó.

Definitivamente, no necesitamos una "palabra que diga" sin el movimiento del Espíritu, porque la frustración es el resultado final. Pero hay un movimiento del Espíritu de Dios cuando la bendición es el motivo del corazón. Sin el Espíritu Santo que ilumina la Palabra de Dios, la palabra se convierte en letra muerta. A Dios le agrada que creamos en la Palabra de Dios y en que Él es quien Él dice que es. Eso le sucedió al centurión en Mateo (véase Mateo 8:1-13).

Centurión: "Mi sirviente está en casa, enfermo de muerte".

Jesús: "Yo iré y le sanaré".

Centurión: "No, no soy digno de que vengas a mi casa". El centurión tenía fe en que las palabras de Jesús tenían poder y autoridad incluso hasta el punto de que Jesús solamente hablase la palabra de vida. "Tan sólo di la palabra y mi sirviente será sanado".

Jesús: "En todo Israel nunca he visto tanta fe".

Jesús quedó muy impresionado con ese soldado romano, que no era judío ni versado en la Escritura. Lo que ese soldado entendía era la autoridad; él reconoció que Jesús tenía autoridad que estaba por encima de los maestros normales en Jerusalén. Su autoridad tendía un poder que producía cambios en las vidas que Él tocaba con sus palabras.

El poder que está en la bendición tiene autoridad para cambiar el equilibrio de las circunstancias a favor de quien bendice. Solamente envíe la palabra de bendición que es la voluntad de Dios para todo lo que Él creó. Dios declaró que todo lo que Él había creado en Génesis era bueno. Oponernos a lo que Dios ha llamado bueno nos sitúa en conflicto con Él.

UNA PROFUNDA Y SONRIENTE PAZ

Una fortaleza inmensurable e inenarrable es el gozo del Señor. Este es el lado intangible de la bendición y evidencia de la semilla divina en nuestro interior. Un hogar pacífico y relaciones familiares amorosas son bendiciones que no pueden medirse como la riqueza material; sin embargo, siguen siendo una de las riquezas del Señor. La familia a la que conocimos al comienzo de este capítulo la experimentó.

> *Bendito sea el Dios y Padre de nuestro Señor Jesucristo, que nos bendijo con **toda bendición espiritual** en los lugares celestiales en Cristo* (Efesios 1:3).

El gozo llega con el Espíritu Santo y es una bendición espiritual. Al igual que las aguas profundas, sólo necesita ser sacada y que se le permita brotar.

El gozo verdadero no puede ocultarse. Si está ahí, aparecerá independientemente de que lo intentemos o no. Resplandece en nuestro aspecto, y se queda con aquellos con quienes estamos en contacto. Con las posesiones materiales podemos mezclarnos entre la multitud si queremos, pero vamos vestidos de gozo. El gozo no conoce fronteras, pues cruza toda circunstancia y el ambiente no lo limita ni lo restringe. Tampoco discrimina por el estatus social, la edad, la etnia o el género. El portador de gozo es lo que importa. A veces se muestra en los lugares más inverosímiles. El gozo es la marca del creyente y evidencia del Reino de Dios; también es nuestra fortaleza que significa separación del mundo. Observe las caras de quienes están en el mundo y lea el mensaje: agonía y depresión. ¿Tiene alguien vida y esperanza? Aquí entra la "Iglesia", los "llamados", y el mundo está buscando nuestros rostros. ¿Somos diferentes? ¿O también nosotros llevamos las marcas de la agonía y la depresión que el mundo lleva?

La presencia de gozo en nuestras vidas sencillamente significa que hemos aceptado la bondad de Dios como un hecho de nuestra vida. El gozo demostrado es bendición liberada. Es la puerta abierta para que las personas vean las buenas intenciones y propósitos de Dios para nosotros. De otro modo, ellos no tienen nada que esperar.

El gozo es distinto a la felicidad. La felicidad se basa únicamente en lo que sucede. Si recibimos buenas noticias para el día, eso nos hace ser felices. Es posible que alguien reciba malas noticias y siga teniendo gozo. El gozo es eterno y la felicidad es pasajera, en el mejor de los casos. El gozo es un atributo de la naturaleza de Dios; por eso se describe como el gozo *del* Señor y no el gozo *por* el Señor. El estilo de vida de bendición mantiene un flujo de gozo que continuamente se derrama en el alma.

Se nos ha hecho una oferta que no debemos pasar por alto. Alguien que aprende a bendecir y bendice a menudo cambia una vida de resistencia por una de favor. Si usted se está enfrentando a algo tan duro como la piedra y cualquier cosa que hace parece no tener esperanza, entonces antes de abandonar pruebe lo siguiente: hable diariamente a la situación con la Palabra de Dios, sabiendo que su Padre celestial en los cielos quiere un resultado que le glorifique. El fracaso no es el resultado que Dios escogería. La bendición es como agua que gotea diariamente sobre la piedra hasta que abre camino a la voluntad de Dios. Todo lo que usted necesita para vivir una vida de bendición está a su disposición: el Espíritu Santo, la Palabra de Dios (viva y escrita), una semilla incorruptible con ADN creativo, y un Dios que respalda sus promesas. Cuando usted gusta los beneficios de la bendición, nada puede convencerle de otra cosa. Al igual que la mujer que obtuvo un ascenso o la pareja que ahora tiene un hogar pacífico.

BENDICIÓN

Le bendigo hoy, por el corazón y el poder del Espíritu Santo. Libero sobre usted la bondad y el favor de Dios. Libero sobre usted el óleo de gozo. Libero sobre usted la presencia de Dios, de modo que de los pozos de la salvación usted saque agua para su sed en la vida. Que el agrado del Padre esté sobre usted, pues Él se deleita en usted y le desea.

Las cosas viejas han pasado. Comience a caminar en novedad de vida y en la revelación de lo que será debido al futuro y a la esperanza que están por delante de usted.

Dios le ha librado de sus enemigos y ha abierto para usted la puerta de la salvación. Usted tiene la llave de David que abre y nadie puede cerrar. Usted caminará en la plenitud y la prosperidad de Dios. Así como prospera su alma, su espíritu será avivado y vivificado según la voluntad y los propósitos de Dios.

Que sus hijos sean instruidos del Señor y que la plenitud de Él sea sobre ellos. Ningún arma forjada contra usted prosperará, porque esa es su herencia como hijo de Dios. Que coma usted hasta la plenitud; el enemigo no le robará pan, sino que será preparada una mesa para usted delante de ellos. Ya no tendrá usted bolsas con agujeros en ellas, porque la honra del Señor es liberar sobre usted sus expectativas.

Camine en el poder del Espíritu Santo de modo que no satisfaga los deseos de la carne ni sea atado por el temor al fracaso. Porque el Señor declara que es usted vencedor y no víctima. La intención de Él es que usted muestre su bondad y su misericordia, y que camine en la plena dimensión del Espíritu Santo. Usted no disminuirá, se debilitará, se deprimirá o entristecerá al Espíritu Santo de la promesa, sino que le permitirá que sea plenamente lo que Él ha de ser.

Capítulo siete

❧

¿Azúcar con su café?

Él me resultaba familiar. Seguro de que él había visitado nuestra iglesia en el pasado, salí de donde estaba en la fila en Starbucks y me acerqué para saludarle.

"Hola. ¿Qué tal?".

Sus ojos se entrecerraron con un reconocimiento desagradable. Pero podrían ser imaginaciones mías.

"¡Aléjese de mí!". Él fue abrupto.

Esto debe de ser una broma, pensé yo. Así que seguí acercándome hacia él.

"¡Aléjese de mí! ¡Aléjese de mí!". Lo decía con firmeza.

Yo no tenía idea alguna de cuál era su problema conmigo, pero decidí jugar el partido. Me acerqué más, y eso solamente le agitó más, de modo que hacía gestos frenéticamente para "mantener la distancia". Claramente, él no quería que yo me acercase. Me detuve.

"¡Aléjese de mí! ¡Le advierto…!". *¿Qué?* Yo estaba sorprendido. "¡Usted es un sepulcro lleno de huesos secos de hombres! ¡Religioso, váyase de aquí!".

Tomando sus últimas palabras, me alejé, pero me agarró completamente fuera de guardia.

Relatar toda la historia a mi esposa más adelante fue difícil. Nunca me había sentido tan golpeado en mi vida. Totalmente herido y abatido por el incidente, era lo único de lo que podía hablar durante días. ¿Qué había hecho yo para enojar tanto a ese hombre? Orar por él y pedir al Señor perdón por ofender al hombre de alguna manera no hizo que el incidente saliera de mi mente. Se quedó allí tercamente.

Hasta, un día.

El Señor me preguntó: ¿Por qué me aferraba yo a las cosas malas por más tiempo del que me aferraba a la bendición? Eso captó mi atención. Entonces, Él procedió a liberar mi mente del episodio de Starbucks.

LLEGAN LLAMANDO

¿Por qué son necesarios más elogios para contrarrestar un pensamiento negativo? ¿Y por qué instintivamente tenemos propensión hacia lo negativo? No parece ser necesario mucho para arruinar un día maravilloso. Se acerca la hora de la salida y usted está volando alto. El jefe le ha elogiado, y todo ha ido bien en el trabajo ese día. De repente, alguien llega y dice o hace algo negativo para usted y le arruina el día. Lo que esa persona hizo y dijo le molesta durante horas o quizá días. Por tanto, usted termina histérico porque una persona fue negativa hacia usted. Pero ¡un momento! ¡Usted olvidó que diez personas le elogiaron ese mismo día!

Esencialmente, le damos capacidad a cualquier cosa que en nuestro corazón nos propongamos meditar. Meditar en la Palabra de Dios es darle poder en nuestra vida; pero permanecer despierto en la noche, dando vueltas en nuestra mente a lo que las personas han dicho o hecho da capacidad a la maldición. Cada vez que mascamos lo negativo demasiado tiempo, nos movemos más cerca del lado del acusador. Eso nos hace más vulnerables a estar de acuerdo con un espíritu que se opone a la naturaleza de Dios. De modo inadvertido, tal acuerdo (ya sea que seamos conscientes de ello o no) causaría una herencia del tipo no tan agradable.

Aceptar una acusación y recibirla en nuestro espíritu es soltar lo que Dios ha dicho. Al agarrar la mentira, perdemos el agarre de la verdad. Fácilmente nos libramos de palabras como las siguientes: "La mano de Dios está sobre su vida y Él tiene cosas buenas preparadas para usted. Él quiere hacer grandes cosas en el Reino por medio de usted". Para nosotros, se convierten en algo agradable que alguien se supone que debe decir, aunque sean verdad. Es difícil seguir agarrando lo que es verdadero si estamos aceptando una maldición.

Incluso en situaciones en que oímos de las dificultades y el dolor de otras personas, nuestras reacciones sí importan. Realmente, nuestras reacciones son un buen indicador de si entendemos el corazón de Dios cuando se trata de otras personas. ¿Rechazamos el deseo de regodearnos por su dificultad (especialmente si nos han hecho daño), o decimos o pensamos felizmente: "¡Lo sabía! ¡Lo sabía! ¿Me fastidiaron y Dios les recompensó"? Ese no es el corazón de Dios, y tampoco es el corazón de un padre muy bueno. ¿Me ama Dios más a mí de lo que les ama a ellos? Si es así, ¿me está vengando Él? No, Jesús vino a librarnos de la maldición, y no a añadir a ella.

Escoger la vida o la muerte es un proceso continuado. Tenemos que tamizar la multitud de acciones, situaciones, pensamientos y palabras que llegan a nosotros diariamente. Podemos tomarlo o dejarlo. Pero no siempre son obvios, ni llegan con una etiqueta o un anuncio. Porque sabemos que incluso si nuestro amigo nos ofrece veneno, y dice: "Soy tu amigo; bebe este veneno. No me amas si no te bebes este veneno", no tendríamos problema alguno en decir: "No". Sin embargo, el veneno mortal que nos atraparía con un acuerdo negativo puede que sea sutil en su presentación, pero está envuelto en el poder de la sugerencia y las supersticiones.

Las avenidas que difunden el temor a las enfermedades son numerosas en la actualidad, y continuamente tenemos que resistir su comienzo. Nunca subestime el poder de las palabras, e incluso de los comentarios aparentemente inocentes. Los pensamientos que fomentan el temor a lo desconocido son tóxicos y no se les debería dar nada de tiempo ni espacio en nuestra lista mental "de quehaceres". Proverbios 23:7 nos dice: *"Porque cual es su pensamiento en su corazón, tal es él"*.

Dios quiere crear vida y recrearse Él mismo en el interior de nuestra mente para que podamos tener la mente de Cristo. Escoger la vida nos proporciona la capacidad de repetir continuamente las cosas que duplican o multiplican la vida de su Espíritu. Si algo no habla vida a nuestro espíritu, entonces no tenemos que recibirlo, ¡incluso si proviene de nuestro mejor amigo!

LA EXPERIENCIA DE ESCUCHAR

Otra comida y otro restaurante, pero a este no ha ido usted nunca. Cuando le entregan el menú, sus ojos recorren la lista, se detienen y saltan para encontrar algo familiar. Usted está un poco sorprendido. ¿Qué comer? De repente, llega el camarero con su pluma y su cuaderno y usted se da cuenta de que aún no está listo para pedir. Necesita algo de ayuda para escoger.

Usted pregunta: "¿Hay algo aquí que me recomendaría?".

Él señala a un entrante. "Este es realmente popular y yo lo he probado. ¡Es estupendo! Se lo recomiendo".

"¿Lo ha probado?".

"Sí, he probado todo lo que hay en el menú. Puedo recomendarlo; no se equivocará". Él parece creíble, así que usted lo pide.

Sería una historia diferente si él respondiera: "No, yo no como aquí. Sencillamente escoja algo; es todo lo mismo". En ese punto, usted o se queda o se va y forma su propia opinión. Pero entonces, el peso de la recomendación de un empleado es considerable.

Las personas que recomiendan algo lo hacen porque se han encontrado con eso y lo han probado.

Yo entendí esto de manera muy real hace muchos años mientras hablaba en una conferencia en Cuernavaca, México. Era una gran reunión de varios cientos de personas provenientes de diversas iglesias de todo México. Cuando llegué, me acompañaron ujieres entrenados hasta el asiento frontal. Directamente delante de mí había tres altavoces gigantescos apilados uno sobre otro. Mientras esperaba a que comenzase el servicio, realmente no pensé sobre dónde estaba yo situado. Cuando el grupo de alabanza dio el primer acorde, yo entendí el concepto de Encounter. Dejé de escuchar y comencé a encontrarme con las vibraciones que recorrían todo mi cuerpo. Recuerdo el encuentro de aquel momento más que nada de lo que se cantó.

El modo en que escuchamos a Dios es un aspecto importante para recibir la bendición. El Espíritu Santo nos habla constantemente de la bendición (véase Marcos 4:3-9). Tomemos, por ejemplo, las parábolas que Jesús relató. Para los extraños, las historias de Jesús eran sencillamente eso: historias. El significado y la verdad estaban ocultos para ellos. Entender la verdad era su billete hacia la verdadera libertad; pero aunque ellos eran todo oídos, no lo entendían (véase Marcos 4:10-12). Él realmente quiere que conozcamos los misterios del Reino de Dios. La palabra *misterio* simplemente significa que no puede ser descubierto por una mirada casual. Se traduce, en mis propias palabras, como "lo que no puede verse mediante el entendimiento natural". Tener un encuentro en la presencia del Señor hace que uno vea los misterios desde la perspectiva de Cristo, y entonces ya no son más misterios. Esos misterios capacitan para bendecir cuando las circunstancias puede que hagan que la persona maldiga la situación.

La incredulidad y la sospecha también pueden hacer eso. ¿Ha recibido alguna vez algo de parte de alguien y su primer pensamiento es: "Me pregunto qué quiere de mí"? Las personas a quienes resulta difícil confiar debido a promesas rotas y quizá por haber sido defraudadas de alguna forma tendrán dificultad para recibir la bendición que se les otorga. Dios no decepciona. La decepción viene de una idea preconcebida que no fue nunca de Dios, de todos modos. Con Dios hay citas, no desengaños. La bendición está llena de las intenciones de Él para su vida que están respaldadas por su Palabra escrita, pero es liberada como un catalizador cuando se pronuncia o se ora sobre alguien.

Rechazar la bendición no es el único reto. Recibir temporalmente la bendición y después descartar su poder y soltarla es otra cosa.

Los creyentes también pueden tomar las cosas santas de Dios (como una palabra profética) y echarlas delante de personas que hacen caso omiso de su valor. No es una escena bonita cuando los cerdos pisotean las cosas de Dios. Perdemos la bendición porque alguien que despreció la profecía estaba más familiarizado con la maldición que con el poder en la bendición.

Esa persona no debería sorprenderse si se encuentra atascado en el mismo estado años más adelante. Sin embargo, se nos dio un catalizador de parte de Dios para salir del estancamiento y llevarnos a una vida más plena de gozo y abundancia. Alejarnos de esa palabra de bendición da como resultado que los desesperantes ciclos sean repetidos una y otra vez. Necesitamos contender por la bendición. Aunque parece más fácil creer la mentira que la verdad, ambas requieren una acción parecida: creencia en algo mayor que nosotros. Si a la mentira o maldición se le da vida creyendo en ella, entonces se vuelve más grande que nosotros, y poco después ha tomado la posición de poder hasta el punto de consumir nuestros pensamientos y devorar nuestras esperanzas.

Por tanto, ¿dónde caerá la semilla de la Palabra en nuestra vida? ¿Al lado del camino donde está expuesta a las aves del escepticismo? ¿Dónde el sol puede resecar y quemar cualquier gozo en la vida? ¿Será ahogada por las preocupaciones de la vida? No tiene que ser de esa manera. Puede caer en nuestros corazones en el fértil terreno de la fe. Podemos llegar a ser entendidos en el manejo de la verdad genuina mediante la bendición, y eso evitará que seamos engañados por las maldiciones.

LA RECEPCIÓN

En un instante, todo había cambiado. Él había estado frustrado y enojado. El otro auto no conducía lo bastante deprisa en el carril izquierdo; sin embargo, no le dejaban adelantar, y tampoco intentaban cambiar al carril más lento. Agitado ya a esas alturas, el hombre embistió el vehículo familiar. El auto se situó frente al tráfico del carril contrario. Momentos después, se enteró de que todas las personas que iban en el vehículo murieron. Su ira incontrolada ahora se había convertido en trágica y destructiva. Su enojo en la carretera había convertido lo que iba a ser un período de vacaciones en una pesadilla.

El camino de quienes maldicen nunca encuentra favor, a pesar de lo mucho que justifiquen los motivos para sus acciones. Para ese hombre, su suposición de que alguien estaba obstruyendo su camino dio como resultado muertes violentas. Su enojo surgió de una vida de maldición, y su furia en la carretera era sencillamente otro paso en su progresión, y le costó su herencia y cualquier bendición que hubiese disponible para él. Si él hubiera sido alguien que bendice, el resultado podría haber sido muy distinto. La maldición en algunos casos es cuestión de vida o muerte físicamente; en otros casos es cuestión de vida o muerte del alma.

Piense por un momento en la parábola del hijo pródigo y su hermano mayor. Aunque el hermano mayor había servido fielmente en su casa, tenía resentimiento hacia su hermano que se había ido; también tenía resentimiento hacia el amor inmerecido que su padre tenía hacia ese hijo pródigo. Tuvo muchas dificultades cuando su hermano volvió en sí y fue restaurado a un estado de favor y se hizo una fiesta de bienvenida para él (véase Lucas 15:11-31). El mismo día, se quedó boquiabierto al enterarse por boca de su padre que él podría haber tenido una fiesta todo el tiempo; podría haber estado celebrando con sus amigos continuamente. Él no pudo disfrutar su herencia debido al enojo y la injusticia que sentía hacia su hermano. Su maldición evitó que tuviera una relación con su padre; en cambio, se conformó sólo con una relación de trabajo. Nunca descubrió la intimidad que podría haber disfrutado con su padre. Su corazón estaba en el polo opuesto al de su padre. Su naturaleza estaba más familiarizada con la maldición y juzgar solamente las circunstancias, mientras que el corazón de su padre se inclinaba hacia la bendición. Ya que el padre tenía un corazón bendecidor, pudo ver por la fe el futuro y el regreso de su hijo. El hermano mayor nunca había entendido el deseo de su padre de bendecir a su hermano.

Nuestra herencia puede que esté retenida porque no vemos con ojos de bendición como lo hace nuestro Padre celestial. El principio de la siembra y la cosecha sin duda alguna encaja aquí. Cuando maldecimos hablando contra la misericordia y la voluntad de Dios Padre, somos cegados y no vemos nuestra parte de la herencia. Quienes bendicen, ven las cosas en el espíritu contrario al del sistema del mundo, que está más inclinado a maldecir a cualquiera que no sea tan desgraciado como los demás. El Reino de Dios es relevante para la actualidad. Aunque estamos en este mundo, no somos parte de su sistema. El Reino de Dios es un Reino que pronuncia buenas nuevas. Este sistema mundial, sin embargo, pronuncia la cautividad mediante la cultura de la maldición. Este modo de vida está lleno de enojo y mucha falta de confianza. Las personas que están en línea con la maldición son más aptas para engañar sin remordimiento, porque la maldición endurece el corazón hasta el punto de encallecer la conciencia.

En el Evangelio de Mateo se confronta este conflicto de cultura.

*Desde los días de Juan el Bautista hasta ahora, el reino de los cielos sufre violencia, y los **violentos** lo arrebatan* (Mateo 11:12).

Normalmente pensamos en violencia como algo que es militante y enojado. Violencia (*biadzo*) se traduce como "desplazar".[1] La idea es que cuando algo llena el espacio, desplaza lo que había allí antes. Por ejemplo, un vaso lleno de agua desplaza cualquier suciedad que pudiera ocupar el vaso. Cuando Jesús entra en nuestra vida, Él desplazará las cosas que estén en oposición con su naturaleza. La receta para romper la vida de maldición es ser lleno del Espíritu Santo, quien hablará desde la naturaleza de Cristo.

El fruto del Espíritu es amor, gozo, paz, paciencia, bondad, benignidad, fe, mansedumbre y dominio propio (véase Gálatas 5:22-23). Estos son atributos de bendición. Es interesante que se hace referencia a ellos como el fruto del Espíritu. Estas cualidades son desarrolladas en aquellos que están dispuestos a bendecir. La bendición no deja espacio alguno para el lado oscuro de la maldición. El arte de la bendición tiene su manera de desplazar lo que no pertenece. La maldición es desplazada y no encuentra lugar alguno desde el que lanzarse.

El amor y la misericordia, como contraste, son características del Reino de Él. Desplaza el enojo y los juicios falsos. La cultura de la bendición y la cultura de la maldición siempre están en guerra. La bendición conduce a la fe y el agrado del Señor, mientras que la cultura de la maldición conduce a la incredulidad y la condenación. Efesios nos dice que nos vistamos del nuevo yo, el cual es creado a semejanza de Dios; que dejemos a un lado la falsedad (maldición), hablemos verdad (bendición) el uno del otro; no demos lugar (oportunidad) al diablo (véase Efesios 4:25-28).

El diablo busca oportunidades mediante la maldición para corromper y contaminar lo que Dios ha bendecido. Muchas veces cuando eso nos sucede, disparamos nuestros misiles y antes de darnos cuenta hemos luchado contra la maldición con más maldición, y nos vamos sintiéndonos condenados. La única manera de ganar esta guerra es no devolver mal por mal, sino en cambio dar una bendición. Nada desarma más a la maldición que darle una bendición a cambio. La bendición siempre triunfa sobre la maldición. Jesús dijo en Lucas 6:28: *"bendecid a los que os maldicen, y orad por los que os calumnian"*. Ahí lo tenemos: la estrategia para vencer al diablo. El diablo intenta cebarnos para que devolvamos mal por mal. Jesús dice que la victoria está en la bendición. Recuerde: bendecir es pronunciar el favor que Dios quiere sobre las personas, y no lo que ellas se merecen. Bienaventurados, benditos son los misericordioso, pues ellos recibirán misericordia. Bendición y misericordia son compañeras, y cuando las sembramos, cosechamos el favor que producen. No conozco a nadie que no necesite más favor o misericordia.

Pronunciar bendición es dar acuerdo a lo que Dios ve como el potencial en una vida. Al mismo tiempo que damos ese acuerdo, el enemigo intenta robar nuestra fe en la Palabra de Dios pintando un modelo distinto de nuestro destino. Ya sean atractivos o funestos, no debemos creer los titulares alternativos del enemigo para el día. El Espíritu de Dios *"levantará bandera"* contra el enemigo (véase Isaías 59:19). La mayoría de personas se refieren a este versículo como: *"Cuando el enemigo venga como río, el Espíritu del Señor levantará bandera contra él"*. Sin embargo, la intención original era leer: *"Cuando el enemigo venga, como un río el Espíritu del Señor levantará bandera contra él"*. La coma es como la bendición: cuando bendecimos cambiamos la intención de que el enemigo viene como un río a que el Señor es el río que nos defiende en la conquista.

La bandera era una señal para mostrar que la lucha continuaba. Yo creo que la bandera que nosotros creamos es la bendición, y cambia la marea de una batalla hacia la victoria. El modo en que el diablo llega a derrotarnos es arrastrándonos hasta su lado del acuerdo, como en el caso de Balac y Balaam (véase la historia en el capítulo tres). Puede que el diablo no sea el único reto para recibir bendición. El criarse en un ambiente donde la bendición no era otorgada por un padre o mentor puede parecer que es extraño; por tanto, si las personas se enfurecen contra nosotros, nos defendemos rápidamente con una descarga igual de lo mismo. Afortunadamente, tenemos la oportunidad de cambiar nuestras tácticas y expectativas cultivando un corazón agradecido que dé bendición en lugar de maldición.

Quienes aprenden bien a bendecir llegarán a su destino deseado mucho más rápidamente. Quienes creen que su fortaleza yace en su dureza de corazón y su intención de derribar a alguien con palabras están más lejos del plan de Dios de lo que piensan. La bendición es una manera en que mostramos que verdaderamente creemos en Dios, porque dejamos el resultado en sus manos. La maldición puede que haga sentir bien en el momento al plano bajo de nuestra carne, pero el resultado final es que hemos caído en el mismo abismo que nuestro enemigo. El libro de jugadas del diablo contiene el plan para hacerle mirar a áreas de deseos incumplidos y acusar a Dios de haberle sido infiel a usted. ¿Le suena eso absurdo?

Bien, considere lo siguiente: la queja es una forma de decir: "Dios, no has hecho un buen trabajo a la hora de ocuparte de mí debido a bla, bla, bla". La queja fue lo principal que hizo a Dios enojarse con los de Israel cuando estaban en el desierto. Rechazar la bendición es rechazar la aportación profética de Dios en nuestras vidas. ¿Ha observado que a veces cuando intenta bendecir a alguien, ese alguien hace lo indigno?

Algunas personas están tan derribadas que cualquier bendición sobre ellas parecerá algo ajeno. Pero debemos seguir bendiciendo, permitiendo que el Espíritu obre y traspase el escudo de muerte que les rodea. Cuando sean libres, se convertirán en un fuerte defensor de la bendición. Dios pronunció bendición sobre Abraham para que él pudiera llegar a ser una bendición para todas las familias de la tierra. Dios dijo:

Bendeciré a los que te bendijeren, y a los que te maldijeren maldeciré; y serán benditas en ti todas las familias de la tierra (Génesis 12:3).

Dios introdujo bendición en la tierra por medio de un hombre. Él bendice a uno de modo que a su vez pueda bendecir a otros. La bendición es generacionalmente contagiosa. Cuando una familia comienza la práctica de la bendición, causa una reacción que afectará a toda su casa. Discurre desde el cabeza de la casa hasta todos los demás, y llega hasta los maestros por medio de los niños y hasta sus amigos. La bendición no puede ser detenida.

Abraham se convirtió en una bendición para todas las familias, porque cuando Dios le bendijo, él lo recibió. Si Abraham no hubiera recibido la bendición, entonces no podría haber sido padre de muchas naciones. En ese caso, Jacob no habría estado ahí para imponer sus manos sobre sus hijos y declarar la intención de Dios para futuras generaciones.

Cualquier declaración de Dios sobre nuestra vida requiere una respuesta. Esto es esencial para recibir la bendición. Vale la pena observar la respuesta de María al ángel que le anunció su concepción inmaculada. Ella dijo: "No sé cómo podría ser cierto, ya que no he estado con un hombre, pero sin embargo, *'hágase conmigo según tu palabra'*". Ella no podía entender la logística del modo en que eso podría suceder, porque sin duda alguna estaba fuera de lo normal; sin embargo, aun así aceptó la declaración sobre su vida como la bendición del Señor. Su respuesta fue la de un corazón humilde y dispuesto. Sin embargo, oigo a personas decir, cuando han recibido una palabra profética, que la han puesto en espera sobre el estante. La Escritura no habla en ningún lugar de que haya un estante para poner palabras proféticas. Si no es de Dios, ¿por qué necesita llenar sus estantes de eso?

Sencillamente reciba la palabra de bendición y deje el resto al Espíritu Santo. Las palabras proféticas que dan vida han de ser creídas, aceptadas y regadas con oración. María, la madre de Jesús, lo hizo (véase Lucas 1:38). En lugar de intentar entenderlo, María sencillamente estuvo de acuerdo con Dios. Creer y recibir la palabra del señor no deja lugar alguno para que el enemigo haga juegos mentales como hizo con Adán y Eva en el Huerto. Él hace eso preguntándonos: "¿De verdad dijo Dios…?". Cuando creemos a Dios, nuestros corazones son tiernos hacia Él y somos buena tierra, preparados para recibir las semillas de vida. En lugar de imaginar amenazas o consecuencias, ¿por qué no bendecir con el potencial del favor de Dios? El viejo adagio es cierto: "Se pueden cazar más moscas con miel que con vinagre". Algunos han utilizado vinagre durante años porque crecieron con vinagre. Jesús quiere que lleguemos a probar la miel para que no regresemos al vinagre. ¿Por qué no intentar algo como lo siguiente?

> *"Dios quiere que usted llegue a ser exitoso y sea un hombre o una mujer de Dios. Usted se levantará y le llamará a Él bendito. Todos los días de su vida estarán llenos de gran gozo. Muchos serán benditos a causa de usted".*

Imagine. Eso marcaría un mundo de diferencia.

Somos atraídos de modo natural hacia personas que bendicen,

¡incluso cuando nos están pidiendo dinero! Hay un banco cerca de mi casa que grupos y organizaciones locales utilizan para recaudar fondos. La recaudación de fondos de las escuelas de secundaria para sus eventos a veces utilizan grupos de animadoras para atraer la atención. He observado que las personas les daban dinero porque eran apasionadas por lo que estaban haciendo. También observé que quienes recibían más dinero no eran quienes declaraban la causa a favor de la recaudación, sino quienes bendecían a los demás diciendo: "Dios le bendiga". Su mensaje era: "No le estoy pidiendo nada a cambio ni proclamando mis ideas, sino solamente le bendigo". Actitudes como esa separan organizaciones como el Ejército de Salvación de otras. Ellos bendicen a los demás a la vez que demuestran el corazón dador de Dios. La mayoría de personas bendecirá cuando se les dé algo como gesto de agradecimiento. Pero cuando podemos bendecir sin haber recibido nada a cambio, entonces nos acercamos más al corazón del Reino de Dios.

LA PROMESA DE PAPÁ

Cuando era niño, recuerdo que mi papá le prometió un caballo a mi hermano Randy. Él quería tener un caballo más que yo. Yo quería una bicicleta.

Llevando a un lado a Randy, le advertí: "No te van a comprar un caballo. Solamente quieren que saques la basura".

Randy no era convencido con facilidad. "No, ¡me van a comprar un caballo!".

"¿Has tenido alguna vez un caballo?", insistí. "¡Piensa, hombre; piensa!".

Pero él seguía empeñado en tener ese caballo, así que yo seguí. "Sólo piénsalo. ¿Qué te hace pensar que alguna vez más a tener un caballo?".

"Tú no sabes de lo que hablas". Randy estaba a la defensiva.

Poco después de que mis padres se enterasen de mi agitación, papá le aseguró a Randy que a su debido tiempo podría tener un caballo. Yo seguí hablando a Randy hasta que la autoridad mayor no dejó duda alguna. A estas alturas, me he arrepentido por jugar a ser abogado del diablo. Cuando Randy creyó, yo ya no tenía ningún poder ni autoridad sobre él. Cuando escogemos vida y estamos de acuerdo con lo que Dios dice, la duda comienza a perder poder. Al aceptar las ofensas, cualquier palabra sembrada en nuestra vida mediante bendiciones comienza a secarse, porque las ofensas parecen eliminar la esperanza de que suceda algo bueno. Sabemos que la esperanza que se retrasa enferma el corazón. Yo he tenido una conversación así con uno de mis propios hijos. Él estaba convencido de que su amigo sabía de lo que hablaba y yo no.

Asombrado, pregunté: "¿Tú crees en esto a tu amigo por encima de mi palabra, aunque él no ha vivido más de 15 años y nunca ha salido del país, ni tampoco ha conducido un auto?".

Su respuesta fue dolorosa. "Bien, él conoce a alguien que conocía a alguien que conocía a alguien…".

Yo supe a dónde quería llegar. "My bien, ve y permite que él te bendiga".

Nuestra seguridad sale de aquel a quien escogemos creer. Cuando el Espíritu Santo nos insta hoy a no escoger cosas que se opongan a la naturaleza de nuestro Padre celestial, se debe a que Él obviamente sabe más que nosotros.

La verdad sobre la bendición es esta: nosotros podemos escoger vivir bendecidos o maldecidos. Dios no va a obligarnos, y tampoco nadie va a retorcernos el brazo al respecto. Incluso los israelitas, el pueblo de Dios, tuvieron que escoger.

*A los cielos y a la tierra llamo por testigos hoy contra vosotros, que os he puesto delante **la vida y la muerte, la bendición y la maldición**; escoge, pues, **la vida**, para que **vivas** tú y tu descendencia; amando a Jehová tu Dios… él es vida para ti, y prolongación de tus días…* (Deuteronomio 30:19-20).

Era una cosa o la otra, y no podían tener ambas. "Vivir" y tener "vida" significa que hemos de "llegar a la plenitud de lo que Dios quiso". Dios quiso una vida abundante. Una vida que viva en la bendición de Dios no conoce mediocridad. En esa posición, la bendición de la tierra es liberada hacia nosotros y disfrutamos de una vida plena. Dios hizo que las bendiciones fuesen muy accesibles. La religión hace que parezcan imposibles y difíciles de obtener. Pero son alcanzables y están cercanas. Las bendiciones son para el aquí en la tierra, y Dios sabe que las necesitamos.

Porque este mandamiento que yo te ordeno hoy no es demasiado difícil para ti, ni está lejos. No está en el cielo, para que digas: ¿Quién subirá por nosotros al cielo, y nos lo traerá y nos lo hará oír para que lo cumplamos? Ni está al otro lado del mar, para que digas: ¿Quién pasará por nosotros el mar, para que nos lo traiga y nos lo haga oír, a fin de que lo cumplamos? Porque muy cerca de ti está la palabra, en tu boca y en tu corazón, para que la cumplas (Deuteronomio 30:11-14).

Cuando nacemos de nuevo, nacemos a una vida de entender la naturaleza misma de Dios. Provocamos un cortocircuito a esto cuando lo hacemos demasiado complicado. La voluntad de Dios es que nosotros le amemos con todo nuestro corazón, mente y fuerzas, y de eso proviene la estructura sobre la que edificamos el resto del edificio.

Jesús le dijo: Amarás al Señor tu Dios con todo tu corazón, y con toda tu alma, y con toda tu mente (Mateo 22:37).

Desde este entendimiento, nos volvemos receptivos. La cuestión es que necesitamos saber cómo recibir mediante la bendición. A Dios le gusta ser creído. Sus palabras y promesas no están sujetas a debate, ni tampoco Él va a retirarlas. Nos amó tanto que pagó el precio de nuestra redención, para que pudiéramos llegar a ser todo lo que es un reflejo de Él. Si prestamos atención y tiempo al acusador, entonces somos retrasados en nuestro camino hacia la promesa. Nuestra naturaleza caída se inclina hacia creer lo temeroso y negativo.

Cuando yo era niño, recuerdo una ocasión en que regresé a casa de la escuela y le dije a mi mamá: "Fulanito me dijo que yo era feo". Al oír la conversación, mi hermano intervino: "Yo llevo mucho tiempo diciéndote eso".

Ignorándole, mi mamá reafirmó su amor por mí.

Me dijo: "¡Mírame! Creo que tú eres lo mejor que ha sucedido en mi vida. Yo me alegré mucho el día en que me dijeron que tenía un hijo". Mamá era un gozo. Ella me enseñó que yo tenía la elección de escuchar a los niños en la escuela o a la persona que me ama. La pregunta es: ¿a quién va a escuchar usted? La respuesta a esa pregunta es el eje del éxito.

Pueden llegar situaciones que nos conmuevan totalmente. Al igual que mi incidente en Starbucks. Pero yo aprendí una lección. Pensar una y otra vez en el drama de Starbucks estaba permitiendo que el acusador llegase a ser parte de mi vida. El meditar en las palabras del hombre una y otra vez sin ninguna palabra contraria de bendición era debilitante. Estaba aceptando la maldición y rechazando la bendición; por tanto, tenía que hacer lo contrario. La solución de Dios a mi dilema era meditar en las promesas de Dios para mí como hijo y bendecir a quien estaba proclamando las maldiciones. Nada limpia e inmuniza la mente contra la maldición como la afirmación de un padre a un hijo. Por tanto, sea que las maldiciones lleguen de modo esperado o de repente, podemos aprender a responder en poder mediante la bendición. Dios es bueno y Él es verdad. Si sus intenciones hacia nosotros parecen demasiado buenas para ser verdad, se debe a que Él es bueno y es verdad. Crea lo que Él dice sobre usted, y prosperará y tendrá salud.

ORACIÓN

Padre, trae a la mente las cosas que mantienen encade-
nados nuestro corazón y nuestra mente. Hoy, escogemos

vida y no las palabras mortales, y escogemos creer lo que tú dices sobre nosotros. Ya que la fe viene por el oír, al no haber oído, necesitamos hoy un mundo que oiga.

Padre, perdónanos cuando hayamos estado comiendo del árbol del conocimiento del bien y del mal que está maldito. Hoy, escogemos comenzar a comer del árbol de la vida que tiene abundancia de bendición en su fruto. Gracias porque no nos diste lo que merecíamos, sino que nos das lo que tú deseas. Perdónanos por alegrarnos cuando les sucedieron cosas malas a los demás.

BENDICIÓN

Hoy, bendigo el bienestar físico y rompo la enfermedad de usted. La bendición del Señor es salud y plenitud. La bendición no está lejos de usted, sino que está en su boca. Sea lleno del favor de Dios en todo lo que usted bendiga.

Capítulo Ocho

El poder de la unidad

E RA COMO UNA tensión nerviosa que estaba sobre la habitación. Nuestra visita ministerial programada a la pequeña escuela bíblica parecía ser inoportuna. Había amenazas por parte del dictador vecino a medida que las tensiones entre los dos países aumentaban. La belicosidad consistía en pruebas de misiles. Las negociaciones se habían roto, y nadie estaba seguro de lo que sucedería a continuación. La hostilidad hacia los estadounidenses solamente se añadía a las amenazas. El editor de un periódico cristiano local pidió una entrevista. La primera pregunta era sobre las amenazas de misiles: "¿Estará Estados Unidos a nuestro lado?". Yo le dije que no podía hablar por Estados Unidos porque yo no era un embajador. Yo podía sentir la ansiedad de su persistencia para obtener alguna seguridad para sus lectores. Él quería una confirmación de si esas amenazas eran una señal de los últimos tiempos.

Yo le dije: "La pregunta más grande es: ¿cuál será la respuesta de los cristianos hacia el enemigo? No de su enemigo hacia usted".

Me dijeron que iba a haber una gran reunión de líderes de iglesias con el propósito concreto de orar contra el dictador vecino. Yo sugerí que bendijesen a su enemigo, y él me miró como si hubiera entendido mal. En realidad, él sí entendió mal. Lo que entendía por bendición era hacer algo agradable por alguien, y ser agradable era lo último que él quería hacer. Yo le expliqué que Jesús enseñó en Mateo 5:44 que debemos amar a nuestros enemigos y bendecir a quienes nos maldicen. Bendecirles no es darles poder sobre usted, sino en cambio es orar sobre ellos la voluntad de Dios. Después de todo, nuestra guerra no es contra carne y sangre o mediante medios convencionales. Yo pude demostrar lo que era una bendición para un dictador y lo que Dios quería para él. Él pudo ver la diferencia entre lo que sabía sobre la bendición y la bendición que tiene poder sobre el enemigo.

Más adelante, nos dijeron que la reunión de oración cambió de orar por muerte sobre el líder a proclamar las intenciones deseadas de Dios sobre él. Observé en las noticias aproximadamente una semana después que las amenazas de misiles se habían detenido y las negociaciones fueron reabiertas. No sé cuánta diferencia había marcado el cambio en la oración, pero sí sé la diferencia que marca en aquel que ajusta a la bendición su modo de orar.

EL PODER DE UNO

Ezequiel estaba al lado del río cuando oyó el ruido estruendoso. Se detuvo y se giró hacia el norte, a la dirección de la conmoción. Avanzando hacia él había una inmensa nube de tormenta con una cegadora luz que irradiaba en su interior, y entonces de ella surgieron cuatro seres resplandecientes. Cada criatura tenía cuatro caras y cuatro alas, con relámpagos que se movían rápidamente entre ellos. Ezequiel sabía lo que era aquello, y no era una tormenta normal (véase Ezequiel 1:1-21). Era una visión celestial. Él siguió observando:

> *Cuando andaban, se movían hacia sus cuatro costados; no se volvían cuando andaban. Y sus aros eran altos y espantosos, y llenos de ojos alrededor en las cuatro. Y cuando los seres vivientes andaban, las ruedas andaban junto a ellos; y cuando los seres vivientes se levantaban de la tierra, las ruedas se levantaban* (Ezequiel 1:17-19).

Sorprendido, Ezequiel observaba mientras esas criaturas mostraban un extraordinario sentido de unidad. Cada ser era poderoso y daba miedo mirarlo, pero cada uno seguía: *"hacia donde el espíritu les movía que anduviesen, andaban; y cuando andaban, no se volvían"* (Ezequiel 1:12). No se desviaban, ni tampoco giraban sus cabezas cuando se movían. Con sus caras hacia fuera, se movían con el Espíritu de Dios en esa rueda dentro de una rueda (véase Ezequiel 1:15-16). Aunque muy próximos, ninguno de los seres sobrepasaba al otro, ni ninguno intentaba promoverse a sí mismo por encima de los demás. Se movían como uno solo. ¡Qué cuadro tan perfecto de unidad!

Vivir y moverse en unidad como creyentes invita al Señor a mostrarse. Puede lograrse más mediante la unidad que sin ella, pero depende de quién esté llevando a cabo la unión. La unidad es una avenida para la liberación de la bendición en un cuerpo local. Dios se mueve mediante su Cuerpo y dentro de él. Somos un "racimo" con el potencial de ser convertido en vino nuevo (véase Isaías 65:8). *Sin embargo, si se arranca una uva del racimo se convierte en una uva pasa, seca y sin jugo.* Por tanto, para evitar fruto dañado y crear unidad, los siguientes ingredientes son necesarios: adecuada *conexión* con la vid, *consideración* por quienes están conectados, *comunicación* con quienes lideran, y *cooperación* para el propósito de toda la cosecha.

Reunirse. Congregarse. Encontrarse. Eso hace posible la *conexión* (véase Hebreos 10:25). Aprender a llevarse bien sucede mientras tenemos compañerismo y adoramos juntos. Ahí se dan oportunidades para una adecuada conexión con la vid. Parte de la participación en la diversión colectiva es aprender los unos de los otros y permitir que otras personas estén en nuestra vida. También, podemos cambiar de una mentalidad de que alguien nos debe algo a sembrarnos. Nunca sabemos cuándo estar presente en el momento para alguien marca la diferencia entre la vida y la muerte.

Con la conexión llega la *consideración*: pensar más en cómo nuestros actos afectan a aquellos con quienes estamos conectados. La consideración sabe cómo funcionar adecuadamente en un ambiente colectivo. La consideración es ser consciente de quienes le rodean para que ellos no se sientan invisibles. El modo en que actuamos en público es distinto a cuando estamos solos. Se puede decir si usted está siendo considerado o no por el modo en que las personas se sienten después de que usted haya estado ahí. ¿Eleva usted el nivel de paz y gozo, o quedan los demás agotados por su compañía? Al entender la conexión adecuada y ser considerado con respecto a cómo encaja usted en el grupo, tendrá usted sensibilidad para cómo bendecir.

Acuerdo en la iglesia local no significa que todos estén en la misma página. No se trata tampoco de que todos hagan lo mismo. Más bien, se trata de llegar al lugar en que estamos de acuerdo con lo que el Espíritu Santo está diciendo. Caminar en acuerdo sencillamente significa que todos buscamos el mismo resultado. Las personas se quedan enredadas en el acuerdo de los métodos y pierden de vista el producto final. Diferentes creencias e interpretaciones de la Biblia han creado suficientes tensiones y disensiones entre el racimo de modo que restan a la cosecha final. La adoración, por ejemplo, es considerada por algunos como cantar, mientras que otros consideran la adoración como algo más experiencial. En lugar de que la adoración sea un punto de división, ¿por qué no estar de acuerdo con la Escritura en lugar de estar divididos por el estilo?

David nos dio un modelo de adoración (véase 2 Samuel 6:14-16). Él era muy demostrativo en su expresión de adoración, hasta el punto de gritos de alabanza y danza. Si la danza no es parte de nuestro trasfondo para la adoración, tendemos a estar en desacuerdo con lo que no hemos experimentado aunque sea bíblico. Podemos ver que el acuerdo no se trata de lo que nos guste mientras sea llegar a la línea de meta. Esta de vida del Espíritu Santo proporciona un ambiente de bendición para que le alcance.

La descripción de Ezequiel de la rueda muestra cómo cada criatura es diferente con una perspectiva diferente, pero cuando se mueve, quienes están en la parte trasera de la rueda deben confiar en la dirección, aunque no vayan a la cabeza. Cuando hay necesidad de que otras criaturas se mueva en la dirección a la que apuntan, entonces se mueven todas en concierto, porque la obediencia del grupo es más importante que la identidad individual. *Cooperación* es trabajar juntos como un cuerpo con el Espíritu del Señor. Él guía, nosotros seguimos. Podemos quedar agradablemente sorprendidos por el modo en que nuestros deseos personales quedan satisfechos en el proceso. En un matrimonio, unidad es cuando el esposo y la esposa están abiertos a la dirección del Espíritu Santo y le permiten que les mueva como uno. Mi esposa Diane y yo no tenemos que compartir las mismas perspectivas, pero seguimos estando en unidad porque seguimos estando en unión. Ambos queremos el mismo resultado: agradar al Señor. La cooperación es simplemente actuar juntos por la misma causa. Sin cooperación, no habrá operación del grupo. La bendición es una manera de reunir varias partes del Cuerpo de Cristo para lograr la cosecha del fruto. El éxito o el fracaso de cualquier empresa yace en la vida de quienes ven el resultado final como algo más satisfactorio que cualquier plan personal.

AROMA DE VIDA

¡Mirad cuán bueno y cuán delicioso es habitar los hermanos juntos en armonía! Es como el buen óleo sobre la cabeza, el cual desciende sobre la barba, la barba de Aarón... (Salmos 133:1-2).

La unidad entre hermanos es dulce, y sí, ¡así deberían ser las cosas! Casi puede usted oír el anhelo, o quizá un suspiro, en estas palabras, porque cuando hay vida es agradable. En su ausencia, el olor de la pelea es repulsivo incluso para Dios. Por tanto David, el salmista y el hombre conforme al corazón de Dios, la anhelaba. Después de ser rey de la nación, tenía el respaldo de fieles seguidores, ¡pero huía del rey al que debía sustituir! La guerra marcó su vida; sin embargo, el corazón de David anhelaba la presencia de unidad.

Él sabía que la unidad creaba una mezcla que es agradable y atractiva, lo suficientemente maravillosa para invitar a que Dios estuviera entre ellos. Su aroma se compara al aroma del precioso aceite de la unción: la fragancia marca de Dios. Sí, ¡al Señor le encantan los aromas! Moisés recibió instrucciones para crear el aceite aromático con el propósito de apartar a personas y utensilios que serían usados exclusivamente para el servicio (véase Éxodo 30:22-25). La combinación resultante de mirra, canela, caña, casia y aceite constituía una fragancia como ninguna otra. En un manto saturado de este aceite, el sumo sacerdote entraba en el lugar santísimo para ofrecer la sangre de la expiación para cubrir al pueblo por otro año. Este aceite de la unción recordaba a David la unidad de los hermanos que trabajan juntos con un solo propósito. David también dijo que donde había unidad, también el Señor enviaba bendición (véase Salmos 133:3).

Observemos que la unidad es un ambiente que invoca la bendición de Dios. El aceite de la unción establecía una distinción entre lo común y mundano y el Santo. Quienes capten lo que significa bendecir y no maldecir experimentarán con más probabilidad la unidad del Espíritu Santo y un ambiente que produce favor.

Cuando estaba en Londres en una escala entre vuelos, me aventuré a entrar a una perfumería. No era solamente una tienda que vendía perfumes, era una botica de perfumería. Yo quería comprar un perfume para Diane, y pensé que sería creativo por mi parte crear una mezcla especial para ella. Escoger los ingredientes que yo quería que se mezclaran fue un desafío bastante grande. Algunas de las fragancias que a mí me gustaban no se mezclaban bien con otras fragancias que yo había escogido. A mitad del proceso, la experta en perfumes que tomaba mi pedido me dijo: "¿Es para usted?".

"No, es para mi esposa".

Ella dijo: "En realidad, su esposa tiene que estar aquí para que yo pueda hacer encajar el perfume con su cuerpo". Me explicó que el cuerpo de cada persona interactúa de modo diferente con las fragancias. Me dijo: "Puedo hacerlo encajar con la química de su cuerpo, pero no con el de ella".

Eso es como la unidad de la bendición; usted tiene que estar presente para que obre por medio de usted. La bendición puede crearse en un hogar al estar presente con la familia de modo que la química de todas las distintas partes pueda mezclarse para obtener un aroma que le unja para un uso especial.

*Y andad en amor, como también Cristo nos amó, y se entregó a sí mismo por nosotros, ofrenda y sacrificio a Dios en **olor fragante** (Efesios 5:2).*

El olor fragante encaja con el Cuerpo de Cristo: creyentes que liberen ese aroma. La unidad es un dulce aroma, pero más que eso, es una potente combinación cuando se mezcla con la bendición. David dibujó la unción de unidad como el aceite precioso que desciende por la barba de Aarón y llega hasta el borde de su manto. El lugar donde se quedaba era en los pliegues: el punto más saturado del manto. El aroma más potente y poderoso de la unción no era en la cabeza donde se derramaba, sino en el borde de la vestidura donde se reunía. Al igual que el río que fluye desde el trono de Dios era más profundo cuanto más se alejaba de su punto de origen, así es la unción (véase Ezequiel 47:1-5). Llegar al punto de saturación es crucial para la unción porque es ahí donde se producen señales, maravillas y milagros.

Cierta mujer que sufría hemorragias encontró ese punto de saturación (véase Marcos 5:25-34). Ella estaba enferma y arruinada. Su historia podría ser la historia de cualquiera. Las enfermedades incurables tienen el potencial de matar la esperanza y llevarse nuestros ahorros. Pero Jesús estaba en la ciudad. Abriéndose paso entre la multitud, ella extendió su mano para obtener un milagro y tocó el borde de su manto. Ella encontró bendición y vida que fluían hasta su cuerpo, rompiendo la maldición de años de enfermedad.

Los primeros seguidores de Jesús también encontraron este punto de saturación. Sin duda, la ascensión de Jesús al cielo dejó en ellos un anhelo del consuelo de su presencia. Anticipando la llegada del Ayudador que Jesús prometió, ellos esperaron: 120 de ellos en aquel aposento alto (véase Hechos 2:1-4). Entonces sucedió un día cuando estaban juntos. El Espíritu Santo descendió y la unción de su presencia cayó sobre ellos. Ahora nosotros somos receptores de esa saturación del Señor. Piense en esto en términos de liberar bendición. Siempre que bendecimos algo o a alguien, hay un punto de saturación a ser alcanzado para que esa bendición se produzca. El resto es abandonar antes de alcanzarla. Nosotros no sabemos, ni tampoco determinamos ese punto. La coherencia es la clave. Situaciones aparentemente tercas o personas difíciles es probable que necesiten más saturación en la bendición, al igual que nosotros regamos continuamente donde queramos que haya crecimiento. Esa bendición deseada satura la voluntad de Dios para esa persona hasta que sea lograda. La palabra *rhema* de Dios (la palabra revelada de Dios) llega a nosotros cuando empapamos esa situación o persona con la bendición, y Él mueve la situación desde lo imposible hasta lo posible. El punto de saturación no es sólo para los milagros, sino también el lugar para el flujo de la bendición. Para alcanzar ese punto, la unción no puede ser obstaculizada.

DONDE ESTÁ EL "ALLÍ"

En esta referencia en particular fue denominado "allí". Este era el punto de saturación. Está en los bordes del manto, el lugar donde el aceite de la unción se concentraba de modo natural, y exactamente donde Dios enviaba la bendición.

*Como el rocío de Hermón, que desciende sobre los montes de Sion; porque **allí** envía Jehová bendición, y vida eterna* (Salmos 133:3).

Por tanto, cuando Dios dijo "allí", se refería donde hay saturación, ya sea de la unidad o del aceite de la unción. Es una saturación de bendición.

Hay bendición y también está la bendición enviada. La primera es bendecir a las personas de manera general. La bendición enviada es específica. Es la palabra hebrea *tsavah*, que significa "liberar o enviar específicamente un mensaje a" alguien o algo, o "señalar, o conectar a, o imponer".¹ Por tanto, cuando yo digo a mi esposa "te quiero", el impacto de esas palabras es mayor para ella que si le digo lo mismo a la congregación. Ese es el poder de una bendición enviada.

"Enviado" también denota "autoridad". La bendición enviada conlleva autoridad con ella de modo que logrará aquello para lo que fue enviada (véase Lucas 1:37). Un ángel que se apareció a María anunciando que ella iba a concebir del Espíritu Santo y dar a luz al Mesías garantizaba bastante esa bendición. Cuando el ángel dijo que "nada" era imposible para Dios, estaba diciendo literalmente: "Ninguna nueva palabra hablada estará sin la capacidad de llevarlo a cabo". Una palabra *rhema* de Dios tiene la capacidad en sí misma de llevar a cabo aquello para lo cual fue asignada.

Hay una unción relacionada con la bendición enviada. Es una poderosa unción para producir vida y libertad.

El Espíritu de Jehová el Señor está sobre mí, porque me ungió Jehová; me ha enviado a predicar buenas nuevas a los abatidos, a vendar a los quebrantados de corazón, a publicar libertad a los cautivos, y a los presos apertura de la cárcel (Isaías 61:1).

Y cuando Isaías declaró que *"el espíritu del Señor está sobre mí"*, no estaba diciendo que sintiera escalofríos. Era más parecido a "estar cubierto con el aceite de la unción", como en el caso de Aarón cuando el aceite de la unción descendía desde su cabeza. El Espíritu de Dios sobre él produjo una unción con propósitos concretos: liberar a los afligidos, los quebrantados, los cautivos y los prisioneros.

Actualmente, los creyentes viven bajo la bendición enviada del Señor. Nuestra unidad se convierte en la liberación de esa bendición enviada y en olor fragante delante del Señor. Cuando llega sobre nosotros, comenzamos a oler como Él. Es el aroma de la bendición con dulzura de la mirra, queriendo decir que nosotros, los creyentes, hemos muerto a nosotros mismos.

Casi podríamos oír al Señor decir: "¡Eso! La muerte de mi humanidad está en este aceite. ¡Su dulzura habla de mí!". No es sorprendente que el Señor desee unidad entre los creyentes.

Pero al igual que el Señor es atraído hacia el aroma de la unidad, el enemigo es invitado por el olor de todo lo que es contrario a Dios. El temor es un olor para el enemigo; el enojo y la incredulidad también le atraen. Si permitimos que esas emociones y sentimientos se apoderan de nosotros, los espíritus inmundos que se unen a ellas nos alientan a sentirnos continuamente de esa manera, si no las controlamos. La bendición enviada no es donde existe maldición, división y peleas.

HACIA ARRIBA

¿Qué hay en los tesoros de Dios para que los creyentes alcancen la madurez y la unidad? Mucho. La provisión de Dios era global y proporcionaba una cubierta completa para cada etapa de esa nueva vida. Pablo tuvo una revelación de esto y escribió al respecto en el libro de Efesios. Es la vida en la bendición enviada.

Apóstoles, profetas, evangelistas, pastores y maestros, que comúnmente se denomina el ministerio quíntuple, sirven al Cuerpo para este propósito en particular: preparar a los creyentes para la obra del ministerio y edificarlos (véase Efesios 4:12). Llevar a los creyentes a la unidad de la fe, la madurez y el conocimiento de Jesús es su objetivo.

*Hasta que todos lleguemos a la unidad de la fe y del conocimiento del Hijo de Dios, a un varón perfecto, a la **medida de la estatura** de la **plenitud de Cristo**; para que ya no seamos niños fluctuantes, llevados por doquiera de todo viento de doctrina, por estratagema de hombres que para engañar emplean con astucia las artimañas del error* (Efesios 4:13-14).

Cuánto de la *"medida de la estatura"* queramos en todas las áreas de nuestra vida queda determinado por nosotros, sea que queramos mucho o poco. Y la medida está en *"la plenitud de Cristo"*. La palabra plenitud es la palabra griega *pletho*, que significa que "no hay más espacio para recibir, porque cada arruga y rincón están llenos".[2] ¡Eso es estar lleno! Al establecer la medida de bendiciones que queremos que sean liberadas desde nuestras vidas, también establecemos la medida para que otros a su vez nos bendigan. La cantidad del poder de Dios que opera dentro de nosotros queda determinada por el grado en que lleguemos a su plenitud. Este principio funciona en cierto nivel incluso para los impíos. Cuando ellos aprenden a bendecir a otros, la bendición sigue llegándoles de nuevo a ellos.

La madurez se alcanza cuando ya no nos comportamos como niños cuando se trata de nuestra fe. Ya no somos llevados de un lado y desestabilizados en nuestra fe por las opiniones diferentes. Los niños son más débiles, inmaduros; sus conductas dependen de su estado de ánimo. No se puede decir cómo serán cada día, si estarán contentos, enojados, tristes o se quejarán. Los creyentes nuevos o inmaduros son comparados con los niños. Su cimiento sigue estando en las etapas formativas y, por tanto, es inestable. Incluso la última doctrina o enseñanza, independientemente de lo desviada que esté, podría emocionarles. Al aceptarla como aceptarían una nueva moda, pueden fácilmente aceptar cosas nuevas porque les falta un profundo cimiento bíblico.

Llegar a ser maduro toma tiempo, al igual que aprender a ser semejante a Jesús. Pero Dios no tiene prisa, porque la vida en su Reino no es nada parecido a lo que hemos conocido anteriormente.

*Sino que **siguiendo la verdad** en amor, **crezcamos** en todo en aquel que es la cabeza, esto es, Cristo, de quien todo el cuerpo, bien concertado y unido entre sí por todas las coyunturas que se ayudan mutuamente, según la actividad propia de cada miembro, recibe su crecimiento para ir edificándose en amor* (Efesios 4:15-16).

A Dios le importa el modo en que nos comunicamos unos con otros. Si lo que Él busca es unidad, entonces cualquier cosa que cause divisiones o tensiones no es agradable a Él. No es poco común que alguien diga: "Tengo que decirte esto en amor", lo cual es realmente el código para: "Voy a descargarme contigo". Hablar la verdad en amor no tenía intención de ser un prefacio para comunicar a alguien nuestras propias ideas. Utilizar este versículo como cubierta para criticar o intentar enderezar a alguien es hacer un mal uso de la Escritura.

Sin embargo, hablar la verdad en amor no tiene nada que ver con llenar a la gente de información. La palabra "verdad" aquí es la palabra griega *alethia*, que significa la "realidad manifestada", o podríamos decir: "Jesús siendo revelado".[3] Ya que Jesús es el camino, la verdad y la vida, es fácil decir que Jesús es la verdad. La equivocación es que alguien piense que cuando le dice a alguien la verdad, la persona que escucha crecerá. El versículo dice que quien habla la verdad crecerá.

Ahora bien, finalmente quien escuche la verdad (Jesús siendo revelado) también crecerá. La bendición se trata de hablar verdad tal como Jesús, la Verdad, la habría declarado. Quien lleva a cabo la bendición o habla la verdad crecerá a imagen de Cristo. Cuando estamos encerrados en los hechos de un problema, puede que estemos cegados a la verdad. Ya que verdad es lo que Jesús dice, los hechos puede que se traten de lo que el enemigo quiere que creamos, y terminemos maldiciendo basándonos en hechos. Recuerde: maldecir es situar algo o a alguien en un lugar más bajo del que Jesús lo ha situado. Los hechos tienden a hacer precisamente eso: situar a las personas por debajo del potencial que Dios ha establecido para ellas. Eso no significa que estemos en negación de la gravedad de la situación; sin embargo, sí significa que no deberíamos enfocarnos únicamente en lo que ha sido, sino que deberíamos poner nuestra atención en lo que puede hacerse mediante la bendición.

Maldecir no es decir malas palabras, sino repetir las amenazas a alguien de lo que le sucederá si no cambia. Pronunciar fracaso es un modo de maldición o de situar a las personas en una perspectiva más baja del modo en que Dios las ve. El diablo siempre quiere referirse a nuestro pasado, pero Dios es profético; Él quiere hablarnos sobre nuestro futuro. Los continuos recordatorios de errores del pasado son un tipo de maldición porque son el espíritu opuesto a lo que Jesús quiere que veamos. El perdón nos fue dado para borrar el pasado; la bendición es profética en cuanto a que nos señala a un futuro destino y llamamiento.

El padre de mi amigo Bill le decía regularmente que él no era bueno para nada y que terminaría en la cárcel. La ironía de esta maldición fue que Bill sí terminó estando en cárceles y prisiones. Bill estudió derecho, llegó a ser abogado y pasó su tiempo en las cárceles entrevistando a sus clientes. Bill encontró a Jesús y convirtió la maldición en bendición. Una familia se dio cuenta de que habían estado haciendo algo parecido al repetir una y otra vez lo malo que era su hijo. Le amenazaban diariamente con las consecuencias de su conducta; su conducta parecía empeorar, tal como ellos habían estado prediciendo. Después de llegar a entender la bendición, entendieron que habían estado maldiciendo a su hijo y situándole más bajo en un lugar de desesperación. Justamente después de días de haber enderezado sus caminos hacia la bendición vieron una diferencia en la actitud de él hacia otros. Ahora su hijo está aprendiendo a ser alguien que bendice.

Fuimos creados para ser personas que crecen como respuesta al amor. Proporcionar el ambiente adecuado para que algo crezca es crítico. *Crecimiento* es el potencial de llegar a ser lo que algo fue diseñado originalmente para llegar a ser. Una combinación de los ingredientes correctos capacita a una planta para crecer debido a su ADN. Proporcionar las condiciones y el ambiente correctos finalmente liberará el potencial de la semilla. La semilla lleva en sí misma la huella de su futuro. Las condiciones correctas para que un creyente crezca incluyen hablar la verdad en amor y regar con la Palabra.

Habiendo purificado vuestras almas por la obediencia a la verdad, mediante el Espíritu, para el amor fraternal no fingido, amaos unos a otros entrañablemente, de corazón puro; siendo renacidos, no de simiente corruptible, sino de incorruptible, por la palabra de Dios que vive y permanece para siempre (1 Pedro 1:22-23).

Nacer de nuevo significa que tenemos nueva semilla o ADN. Dios estableció el principio del modo en que funciona la semilla en el relato de la creación en Génesis. Dios dijo que la vida está en la semilla. Se nos ha dado vida dentro de la semilla de Cristo que habita en nosotros. La bendición riega la semilla de modo que llegue a su potencial de vida plena. La maldición destruye la fe y desalienta al alma para llegar a ser edificio de Dios.

Ya que somos responsables de proporcionar un ambiente para el crecimiento mediante la bendición o la maldición, cualquier condición que obstaculice o ahogue ese crecimiento, como potestades demoniacas que prosperan en la maldición, necesita ser eliminada, ya que puede causar que el estado o el ambiente se estanquen o no produzcan crecimiento. Sea dentro de una iglesia, familia o atmósfera de trabajo, tratar las condiciones desfavorables para el crecimiento de la persona es de suma importancia. Ocuparse de la salud y el crecimiento de la Iglesia actual significa que aprendemos a bendecir y no sólo a dar información. Es decir, bendecimos con la verdad, porque la bendición con la verdad fomenta la madurez espiritual. Finalmente, crecemos hasta el lugar donde somos semejantes a Jesús, quien mostró una confianza profunda e inquebrantable en su Padre.

Me pidieron que orase por una señora que había estado teniendo graves problemas de salud. Yo comencé a orar, y ella interrumpía una y otra vez la oración con más información. Principalmente era lo que los doctores estaban diciendo. Yo comencé de nuevo, y antes de poder llegar a la declaración de sanidad ella quiso decirme que los doctores decían que podría morir a causa de eso. Aquella mujer estaba tan enfocada en la información que le habían dado que no podía escuchar la declaración de la bendición de sanidad. Las semillas de muerte fueron plantadas de tal manera que ella no podía evitar regarlas en cada oportunidad que tenía. Fui capaz de pedirle que escuchase la palabra y enfocase su corazón en vivir y no en morir. Ella sigue estando con nosotros actualmente. No tengo problema alguno en que los doctores le comuniquen al paciente los hechos, pero cuando creemos a Dios para recibir un milagro, debemos dejar a un lado la información y escuchar la bendición de la transformación.

*Por esta causa doblo mis rodillas ante el Padre de nuestro Señor Jesucristo, de quien toma nombre toda familia en los cielos y en la tierra, para que os dé, conforme a las riquezas de su gloria, el ser **fortalecidos con poder en el hombre interior por su Espíritu**; para que habite Cristo por la fe en vuestros corazones...* (Efesios 3:14-17).

La palabra *dé* significa: "Aquí está el potencial que Dios me ha dado, o lo que es mi intención". Repito: Dios tiene buenas intenciones hacia cada uno de nosotros. Ver ese potencial dado por Dios dar fruto para alguien es causa de celebración. Pablo también entendía que es vital la fortaleza en nuestro hombre interior. Somos fortalecidos en el hombre interior mediante la bendición. La bendición es buena medicina para el alma. La bendición es poder de Dios que llega mediante el Espíritu Santo en la persona interior.

*... a fin de que, arraigados y cimentados en amor, seáis plenamente capaces de comprender con todos los santos cuál sea **la anchura, la longitud, la profundidad y la altura**, y de conocer el amor de Cristo, que excede a todo conocimiento, para que seáis llenos de toda **la plenitud de Dios*** (Efesios 3:17-19).

La "plenitud de Dios" engloba las cuatro dimensiones: anchura, longitud, profundidad y altura. Solamente la longitud y la anchura no son plenitud. Necesitamos los cuatro aspectos. Para llegar a ser como Cristo en cada aspecto de nuestra vida, comenzamos a vivir como Él lo hizo: como vencedores del mundo. Por tanto, ya no estamos especializados en un aspecto de nuestra fe, como sólo ministrar fe o sanidad. Podemos funcionar en cada aspecto de Cristo. Eso se debe a que, como Cuerpo de Cristo, respondemos a la voluntad de la Cabeza: Cristo.

Nos convertimos en bendecidores, al igual que Jesús. Comenzamos a ver a las personas y la vida con los ojos de gracia de Él y a oír cosas del modo en que Él oye. Esa es la unidad del espíritu en el *"vínculo de la paz"* (véase Efesios 4:3). Un movimiento concertado y conjunto del Cuerpo de Cristo puede producir una liberación única de la gloria de Dios. Un ambiente así invita a que Dios intervenga y haga lo imposible. Nos capacita para repeler las potestades demoniacas, sanar enfermos, echar fuera demonios e invocar la bendición de Dios.

ORACIÓN

Señor, estamos muy agradecidos de que nos hayas dado una palabra fresca para bendecir al Cuerpo y la casa del Señor. Dios, queremos entender esto en nuestro interior. Si no entendemos nada más, queremos entender esto en nuestro espíritu. Que no sea solamente otro mensaje que llega y se va y resuena en nuestros oídos, sino que se convierta en parte de la fibra de quiénes somos como personas que bendicen lo que tú bendices. Queremos estar conectados con tu racimo y ser una bendición para aquellos con los que estamos conectados.

PARTE IV

─────────❖─────────

La manifestación de la
BENDICIÓN

CAPÍTULO NUEVE

NO MÁS ROEDORES

GÉNESIS REGISTRA EL relato de la creación. Después de cada segmento de la creación, Dios lo bendijo y dijo que era bueno (véase Génesis 1:25). La creación del hombre fue la única vez en la creación en que Dios no declaró que era bueno. De hecho, Él dijo que no era bueno que el hombre estuviera solo.

La prueba de la bendición llegó cuando mi hermano Joe, que vivía en Amarillo, Texas, tenía problemas con los roedores (taltuzas) que arruinaban su césped. Los animales hacían túneles bajo tierra, comiéndose las raíces frescas de la hierba. Él hizo las cosas normales que alguien hace para librarse de los roedores. Intentó envenenarlos, solamente para descubrir que engordaban. Los túneles parecían ser más anchos a la vez que él estaba cada vez más frustrado con ellos. Compró trampas especiales para los pequeños excavadores, pero ellos parecían rodear las trampas y seguir destruyendo su césped. Incluso intentó maldecir a los roedores, pensando que tenía autoridad sobre ellos. Le dijeron que yo enseñaba sobre bendecir lo que Dios ha creado.

Su primer pensamiento fue: "No se puede bendecir a un animal, y mucho menos a uno que está siendo destructivo". Ya que los otros métodos no estaban funcionando, decidió probarlo. Una tarde mientras nadie estaba mirando, salió y dijo algo parecido a lo siguiente: "Sr. Roedor, no sé por qué le creó Dios, pero sé que no fue para destruir mi césped, así que le bendigo para que cumpla el propósito para el cual fue usted creado y le libero para que se vaya a pastos más verdes". Él pisoteó todos los túneles para ver si verdaderamente funcionaría. Para sorpresa de él, al día siguiente no había ninguna señal más de túneles. Él los expulsó de su césped con la bendición.

Algunos podrían pensar: "Vamos, ¿un roedor? ¿de verdad?". Cuando bendecimos lo que Dios ha bendecido, entonces estamos de acuerdo con Él. Estaba yo compartiendo la historia del roedor en Serbia, y el pastor que me estaba traduciendo creyó que yo había dicho "novia" en lugar de "roedor", y sin duda, tradujo: ¡La novia del pastor destrozó el césped!". Afortunadamente, su esposa, que sabía más inglés, captó el error y lo tradujo correctamente. Después de bastantes carcajadas, captaron el principio de la bendición incluso cuando parece algo necio hacerlo.

Compartí la misma historia con un grupo de prisioneros en una penitenciaría federal al sur de Texas. Les dije que ellos podían bendecir a los guardias en lugar de maldecirlos. Unas semanas después, recibí un informe mediante la oficina del capellán de una historia increíble. Una de las secciones de celdas había sido invadida por cucarachas, y parecía que no eran capaces de exterminarlas hacía ya mucho tiempo. Decidieron hacer lo que mi hermano hizo con los roedores. Se reunieron y bendijeron a las cucarachas como creación de Dios, sin saber por qué fueron creadas, pero simplemente porque pertenecían al Señor. Poco tiempo después, las cucarachas se habían ido a otra sección. Aquellos hombres aprendieron de primera mano el poder que hay en la bendición. Tengo al menos otras dos historias de personas que oyeron estos testimonios y lo probaron con sus propios roedores, solamente para descubrir que realmente funciona.

¡Adiós, castores!

Si funciona con roedores, debe de funcionar con castores, razonó Holly. Ella me estaba escuchando hablar de bendecir roedores y recordó que tenía problemas con castores. Ocho largos meses de intentar limpiar su propiedad de castores le pesaba ya mucho. Ella había intentado disparar a los castores, pero sin éxito. Había intentado llamar al departamento de conservación de la naturaleza, pero le dijeron que ella estaba en el número 55 de la lista y que pasarían varios meses antes de que pudieran atrapar a los castores. Ella recordaba que los castores ya se habían convertido en una costosa molestia. Habían derribado un gran número de árboles en la propiedad, ¡y se habían construido para ellos mismos una bonita presa en su lago! Sus madrigueras habían causado una fisura en la presa que amenazaba con inundar una carretera del condado y otras propiedades cercanas. Pero ella no iba a permitir que eso sucediera; no después de escuchar sobre bendecir lo que Dios había creado. Al salir de la reunión aquel domingo, decidió que Dios no hace acepción de personas ni de animales, y que no haría daño alguno intentar bendecir a los castores. Ninguna otra cosa había funcionado.

Comprobando rápidamente su entorno, se aseguró de que no hubiera nadie cerca. Ella estaba a solas con los castores. *Así dijo...*

"Castores, les bendigo para que se vayan a otro lago".

Su voz resonó en el silencio, haciéndole entender otra cosa. Si los castores se trasladaban a uno de los lagos vecinos, aquellas personas podrían experimentar meses de agonía como le había pasado a ella. Eso era algo que ella no le deseaba a nadie.

Ella se retractó: "Ah, no quiero que arruinen el lago de otra persona. Les bendigo para que vayan a lugares celestiales, ¡y les bendigo para que se vayan de aquí a una vida mejor!".

En aquel punto ella gritaba a todo pulmón, principalmente por frustración. Al día siguiente, los castores seguían estando allí. Ella debió de haber pensado: "Bueno, funcionó para otros pero no para mí". Habían pasado unos días cuando recibió una llamada telefónica del jefe del Servicio de Extensión en Fort Worth, Texas, el departamento que se ocupa del control de animales. Sí, ¡el jefe del jefe del Servicio de Extensión! Él le informó de que su nombre era el siguiente de la lista para eliminar a los castores. No podía explicar cómo ella había avanzado en la lista, pero era la siguiente. Después de ocho meses de ponerse en contacto con las autoridades del condado adecuadas e incluso con el Servicio de Extensión sin éxito alguno, ¡aquello fue una experiencia que mueve montañas!

GOBERNAR A LOS CONQUISTADOS

Las conquistas son emocionantes para los conquistadores. Pero gobernar puede que sea otra historia. El mayor reto entre las dos es gobernar, porque eso demanda el dominio continuo de lo que haya sido conquistado. ¿Ha escuchado alguna vez de alguien que puede ganar un millón de dólares pero no puede mantenerlo? El dinero gobierna al hombre. Aunque él puede conquistar la idea de hacer dinero, no puede gobernar el dinero. Lo que podemos conquistar pero no podemos gobernar produce frustración y desengaño. Los ciclos de constantes altibajos en la vida del cristiano puede que sean un reflejo de esa realidad. Eso es cierto en nuestros mundos interior y exterior.

Mejor es el que tarda en airarse que el fuerte; y el que
se enseñorea de su espíritu, que el que toma una ciudad
(Proverbios 16:32).

Salomón escribió el libro de Proverbios, y él entendía algo sobre gobernar. Gobernarnos a nosotros mismos es la primera prioridad. Cualquier cosa que necesitemos vencer, recordemos que hay un reinado a seguir, el cual determina la longevidad. Si no podemos gobernarnos a nosotros mismos, es seguro que perderemos cualquier terreno que hayamos obtenido. La longitud de nuestra estancia en el lugar conquistado está determinada por si sabemos gobernar.

Como ciudad derribada y sin muro es el hombre cuyo espí-
ritu no tiene rienda (Proverbios 25:28).

El cuadro es de una ciudad sin protección. Cuando pensamos en esto con respecto a nuestra vida, cualquier incapacidad para gobernarnos a nosotros mismos se convierte en una invitación para que el enemigo nos acose y nos haga daño, arrastrándonos hacia el lado del acusador. Esta es una cuestión de tener dominio propio

y mantener a raya nuestras emociones, especialmente el enojo.
Nosotros somos responsables del modo en que respondemos a las
sorpresas de la vida. El enemigo de nuestra alma estará más que
contento de controlar nuestras emociones si se lo permitimos. Ha
intentado gobernar nuestras emociones desde el huerto de Edén.
En ese lugar de perfección e inocencia, la serpiente fue capaz de
encontrar un camino de entrada al corazón del hombre mediante
el pecado. Jesucristo, mediante su muerte y resurrección, restauró
la capacidad de conquistar y gobernar, comenzando con nosotros
mismos. Pero la batalla se sigue librando.

Incluso antes de la humanidad, Satanás quiso gobernarlo todo.
No sólo se proponía conquistar; competía por el derecho a gobernar.
Rebelarse contra Dios con una tercera parte de los ángeles fue el
resultado de su orgullo. Su rebeldía contra Dios, sin embargo, le
costó su lugar en el cielo, y fue expulsado a la tierra. Fue una de
varias veces en que el diablo sería expulsado del cielo.

*A causa de la multitud de tus contrataciones fuiste lleno
de iniquidad, y pecaste; por lo que yo te eché del monte de
Dios, y te arrojé de entre las piedras del fuego, oh querubín
protector. Se enalteció tu corazón a causa de tu hermo-
sura, corrompiste tu sabiduría a causa de tu esplendor; yo
te arrojaré por tierra; delante de los reyes te pondré para
que miren en ti* (Ezequiel 28:16-17).

Isaías escribió otra ocasión en que Lucifer, el hijo de la mañana,
fue expulsado a la tierra.

*¡Cómo caíste del cielo, oh Lucero, hijo de la mañana! Cor-
tado fuiste por tierra, tú que debilitabas a las naciones*
(Isaías 14:12).

El libro de Apocalipsis nos permite echar un vistazo al conflicto
en los cielos. Era un lugar celestial donde Satanás podía entrar y
hacer acusaciones al Señor contra los creyentes. La Escritura se
refiere a Lucifer o Satanás como *"el príncipe de la potestad del aire"*
(Efesios 2:2).

Después hubo una gran batalla en el cielo: Miguel y sus ángeles luchaban contra el dragón; y luchaban el dragón y sus ángeles; pero no prevalecieron, ni se halló ya lugar para ellos en el cielo. Y fue lanzado fuera el gran dragón, la serpiente antigua, que se llama diablo y Satanás, el cual engaña al mundo entero; fue arrojado a la tierra, y sus ángeles fueron arrojados con él (Apocalipsis 12:7-9).

Satanás perdió la guerra en los cielos y fue expulsado a la tierra, que antes de la creación era denominada el planeta de la oscuridad. Ese lugar celestial al que él tenía acceso ya no estaba disponible para él. La palabra lugar en Apocalipsis 12 significa "tierra". Es la misma palabra, "lugar" en Efesios donde Pablo les dijo a los creyentes: *"ni deis lugar al diablo"* (véase Efesios 4:27). La palabra "tierra" aquí es la palabra *topos*, de la cual obtenemos la palabra "topografía"[1]. En esencia, el diablo perdió cualquier terreno en el que estar en los cielos. Dios ama la tierra. No es sorprendente que Él esté tan celoso por la tierra de Israel. Él alienta a su pueblo a comprar la tierra, guardar la tierra y mantener la tierra. La parábola de "la perla de gran precio" habla de la necesidad de comprar la tierra donde estaba enterrada la perla. Una cosa es vencer, pero es otra cosa no ceder más terreno, ni un solo palmo, al diablo. Veamos de nuevo la entrada de los israelitas a la Tierra Prometida. A fin de gobernar esa tierra, tenían que expulsar a los cananeos, ferezeos y a todos los demás adoradores de ídolos paganos (véase Josué 3:10). Coexistir con ellos no era una opción. La bendición y la maldición no pueden vivir lado a lado.

Santiago escribe que bendición y maldición no deberían salir de la misma boca, al igual que el agua dulce y amarga no puede salir de la misma fuente (véase Santiago 3:10-11).

*Ahora ha venido la salvación, el poder, y el reino de nuestro Dios, y la autoridad de su Cristo; porque ha sido lanzado fuera **el acusador de nuestros hermanos**, el que los acusaba delante de nuestro Dios día y noche* (Apocalipsis 12:10).

El diablo puede haber perdido su lugar de los cielos, pero busca lugares en vasos terrenales desde los cuales poder acusar a Dios y a su familia. No cesa de acusarnos ante el Padre. Satanás es el acusador de los hijos de Dios. Cuando alguien pronuncia fracaso y juicio sobre otra persona, está en la categoría de ser un acusador. No es sorprendente que Dios no se agrade con nosotros cuando maldecimos a alguien. Satanás perdió su lugar en los cielos como acusador. Nosotros ciertamente perdemos el favor de Dios mediante maldecir lo que Dios ha bendecido.

La lista de acusaciones y preguntas del diablo es interminable: "¿Cómo pudiste amarlos? ¿No ves lo que ellos hicieron? ¿Cómo pudiste liberar y salvar a un pueblo que te da la espalda? ¿Cómo pudiste tratarlos con tanta misericordia cuando son tan fríos hacia ti?". Satanás es un legalista; busca grietas para acusarnos de infieles o desobedientes; obrará por medio de otros para pronunciar juicios de condenación sobre nosotros. El libro de Salmos dice que es bienaventurado quien no se sienta en silla de escarnecedores (véase Salmos 1:1). Benditos son quienes escogen otra silla que no es la silla de escarnecedores. *Escarnecer* significa menospreciar o hacer pequeño algo que tiene valor. Maldecir es parecido en cuanto a que devalúa lo que Dios ha bendecido. Si usted se encuentra sin bendición, quizá debiera evaluar en qué lugares se sienta.

LA SANGRE QUE HABLA

Ya que el diablo recorre la tierra buscando a quienes sean presa fácil, tenemos que tratar sus maquinaciones. Pero no estamos sin protección de sus golpes derogatorios, ni tampoco carecemos de poder para derrotarle.

*Y ellos le han vencido por medio de **la sangre del Cordero** y de **la palabra del testimonio de ellos**, y menospreciaron sus vidas hasta la muerte* (Apocalipsis 12:11).

La sangre de Jesús es la protección y la palabra de nuestro testimonio es un arma. En la escritura anterior, "palabra" puede traducirse como *rhema* o *logos*. "Testimonio" es la palabra *marturia*, que significa "dar evidencia de algo de una realidad mayor".[2] Los creyentes daban evidencia de que estaban diciendo lo mismo que Dios. Su testimonio es el mismo que cuando Jesús estaba en la tierra. Jesús, al confrontar al diablo en el monte, utilizó la Palabra; Él testificó al decir: "Escrito está". La sangre de Jesús fue el pago completo que ha establecido una barrera entre la familia de Dios y el diablo. Cuando decimos lo que Jesús ha dicho en su Palabra y reclamamos nuestra herencia debido a su sangre, tenemos el poder de derrotar al diablo. El diablo no puede tomar ningún terreno donde nosotros estamos bendiciendo, diciendo lo que Jesús diría. La batalla se gana mediante la sangre del Cordero al bendecir lo que Jesús ha bendecido mediante su sacrificio. Él es el Vencedor definitivo y el legítimo Gobernador de todo lo que Él conquistó. Jesús venció el pecado, al mundo, la muerte y al acusador.

Este principio de tener una afirmación respaldada por algo mayor se refleja en nuestro sistema monetario. El papel moneda no tiene valor en sí mismo; el dólar es una afirmación de que algo mayor lo respalda. Estados Unidos no ha estado en el estándar del oro por muchos años; sin embargo, la fortaleza del país respalda el valor del dólar.

Yo aprendí este principio de primera mano a edad temprana, cuando trataba con los gamberros en sexto grado. Quizá fuese porque yo no era muy alto (no di el estirón hasta que tuve 17 años) o quizá fuese mi boca. No me sentía confiado en mis capacidades como luchador, pero sí me sentía confiado en mi hermano mayor: Randy. Randy se convertía en una sierra circular si le provocaban con las palabras adecuadas. Yo les amenazaba diciendo que si me tocaban, llamaría a mi hermano. Ellos respondían: "No conocemos a tu hermano, y no le tenemos miedo".

Bueno, eso era porque nunca habían visto a Randy. Randy era un muchacho bastante corpulento; solamente su tamaño era normalmente suficiente para convencer a cualquiera de mis enemigos. Un día después de la escuela, uno de los gamberros me acorraló. Normalmente era capaz de evitarlos, pero no aquel día. Estaba haciendo todo lo que podía para librarme de él con mi boca, que era la única defensa que tenía en ese momento. Randy debía de llegar en cualquier momento por la esquina para recogerme, pero parecía que aquel día se retrasaba un poco. ¡Era el peor día de todos para que se retrasara! Finalmente llegó. Yo estaba en el punto de estar de espaldas contra la puerta del edificio de la escuela. Estaba intentando recordar esas películas en las que Billy Jack se libera de toda una pandilla con motocicletas. El gamberro estaba tan cerca de mí que podía sentir su cálido aliento. Entonces, al igual que la caballería en aquellas películas del Oeste, oí el auto de Randy. Su Impala de 1963 tenía silenciadores duales Hollywood que eran distintivos. Yo grité: "Randy, ¡él quiere golpearte!".

Randy evaluó la situación sólo en segundos y saltó de su auto. Aquel gamberro echó un vistazo a aquel toro que cargaba contra él y salió corriendo sin mirar atrás. Yo me sentí realmente fuerte en ese momento, pero entendí que mi nombre no significaba nada hasta que mi hermano apareció. Nunca tuve ningún problema más con aquel gamberro durante el resto del año.

Finalmente, me gradué y pasé a la secundaria, donde nadie conocía a mi hermano.

Poco tiempo después le indiqué a Randy: "Tienes que pasarte por mi escuela y conocer a algunos de mis amigos".

"Tendrás que arreglártelas solo este año", comentó Randy. "Vas a tener que pelear tus propias batallas". Pronto entendí que no era suficiente para mí conquistar; tenía que gobernar. En primer lugar, tenía que conquistar mi boca antes de poder gobernar nada. Yo soy solamente tan fuerte como la sangre de Jesús y mi testimonio de bendición.

Imagine el poder de las tinieblas la mañana de la resurrección de Jesús. Cuando vieron a Jesús salir del sepulcro, ¡supieron cómo era el Hermano mayor! Entendieron la autoridad y el poder de la sangre de Jesús. La Biblia denomina a Jesús el primogénito entre muchos hermanos. Jesús es mi hermano mayor en la familia de

Dios (véase Romanos 8:29). Esa sangre continúa hablando en la actualidad. Todo demonio sabe que la cubierta de la sangre está sobre cada creyente en Cristo, y eso valida la afirmación de ellos de vencer y gobernar como creyentes. Cuando un creyente declara el poder de la sangre, su autoridad es liberada.

Jesús poseía la autoridad no sólo de golpear al diablo sino también la autoridad para gobernar sobre él por la eternidad. Satanás intentó hacer que Jesús utilizase su autoridad para satisfacer su propia hambre. Después de haber ayunado 40 días, Jesús tuvo hambre, y Satanás le ofreció todos los reinos de la tierra por un momento de adoración o la tentación de convertir las piedras en pan. Jesús respondió citando el libro de Deuteronomio: *"Escrito está: No sólo de pan vivirá el hombre, sino de toda palabra que sale de la boca de Dios"* (Mateo 4:4).

Aunque Jesús tenía la autoridad y el poder para convertir las piedras en pan, escogió no utilizar su autoridad para la carne.

Vencer no tiene nada que ver con lo ingeniosamente que expresemos nuestras palabras o con lo fuerte que podamos gritar al diablo. La Palabra de Dios inspirada e inerrante que ha pasado miles de años de prueba es nuestra arma de elección.

Colgado entre los cielos y la tierra en aquella cruz, Jesús se enfrentó con la elección de maldecir o bendecir. Creo que Satanás pensó que había derrotado a Jesús. Con la multitud queriendo la ejecución de un hombre inocente, junto con las burlas de: *"Salvó a otros pero no puede salvarse a sí mismo"*, Jesús escogió bendecirles incluso desde la cruz. Con su último aliento, Él pidió perdón para ellos. Realmente sabemos que el poder de la bendición es una realidad cuando podemos bendecir al estar siendo confrontados con gritos de maldición. Jesús venció con su sangre y con la palabra de bendición.

Fue como si Satanás se estuviera burlando de Él y diciendo: "Vamos, maldíceme. ¿Ves lo que te han hecho? Viniste a tu propio pueblo y ellos no te recibieron. Mira; estás clavado".

Jesús vio el plan eterno, y *"por el gozo puesto delante de él sufrió la cruz"* (Hebreos 12:2). Jesús miró más allá del momento de maldición y dolor, y vio la gloria que Él tenía en el principio con el Padre. Si pudiéramos a veces mirar más allá de la evidencia circunstancial que hay contra nosotros y ver lo que sucede cuando bendecimos, creo que seríamos capaces de soportar un poco más tiempo antes de morder el anzuelo para maldecir. Agradar al Padre era mejor que librarse del dolor momentáneo. Aunque los cielos esperaban su mandato para salir a su rescate (esa opción estaba ciertamente a disposición de Él), Jesús se negó a utilizar su autoridad para la autogratificación. Nosotros somos victoriosos hoy porque Él bendijo y no maldijo aquel día en la cruz. Nuestra autoridad mediante la sangre de Jesús es indiscutible.

GANAR MEDIANTE LA BENDICIÓN

Muchos mensajes perpetúan la mentira de que maldecir personas y cosas puede producir resultados, pero no son los resultados que honran a Dios. Sin embargo, hay personas que lo creen en su búsqueda desesperada de cambio y poder.

Circulaba un libro en Serbia que fomentaba la idea de maldecir a cualquier persona o cosa que no gustase. Escrito por un estadounidense, el libro había sido traducido a los idiomas serbio y húngaro. Personas asistentes a la iglesia maldecían a cualquiera que les cayese mal, ¡incluyendo autos y árboles! El temor era la fuerza impulsora tras esa motivación. La maldición busca la destrucción por su fruto determinado. La bendición busca la restauración y la resolución como la medida de su éxito.

¿Es usted un *determinador* (mi juego de palabras), o un *terminador* cuando se trata de bendición? Un determinador está decidido a bendecir independientemente de lo que cualquiera haga a cambio. No es movido por las circunstancias inmediatas. Un terminador tiene un pensamiento lineal y corta una relación cuando hay cualquier indicación de resistencia. El determinador ganará mediante la bendición. Un terminador tiene muchos puentes quemados y numerosas relaciones a corto plazo. Si vale la pena luchar por algo, vale la pena bendecir para ganar. Al menos, la bendición está cerca del corazón del Señor, y usted sentirá el agrado del Señor cuando bendiga y se refrene de maldecir. Con la pequeña fotografía de Esteban que se nos da en el libro de Hechos, obtenemos la imagen de que él tenía el corazón de un determinador.

Él era un diácono que servía con benevolencia. Esteban estaba lleno de fe y del Espíritu Santo (véase Hechos 6:5). El ministerio de Esteban era lo bastante poderoso para obtener la atención de las personas religiosas debido a las señales y milagros que sucedían por medio de su ministerio. Él confundía a los líderes religiosos con el espíritu de sabiduría y el espíritu en el cual hablaba. Ellos se veían tan amenazados por perder el control de su dominio que desarrollaron una conspiración contra Esteban. Con falsas acusaciones, arrastraron a Esteban delante del concilio religioso para ser juzgado allí. En su defensa, Esteban relató la historia de los judíos y terminó con una hirviente represión a los oyentes religiosos.

> *¡Duros de cerviz, e incircuncisos **de corazón y de oídos**! Vosotros resistís siempre al Espíritu Santo; como vuestros padres, así también vosotros. ¿A cuál de los profetas no persiguieron vuestros padres? Y mataron a los que anunciaron de antemano la venida del Justo, de quien vosotros ahora habéis sido entregadores y matadores; vosotros que recibisteis la ley por disposición de ángeles, y no la guardasteis* (Hechos 7:51-53).

Después de ese discurso público, la audiencia de Esteban estaba preparada. Avivados por su odio a la verdad y al hombre que se atrevía a decirla, se abalanzaron contra él crujiendo sus dientes: una escena no muy agradable. En la mente de ellos había una manera de silenciar a un hombre así, y era la muerte. Pero Esteban levantó su vista al cielo y vio la gloria de Dios. Jesús estaba de pie a la diestra del Padre.

> *He aquí, veo los cielos abiertos, y al Hijo del Hombre que está a la diestra de Dios. Entonces ellos, dando grandes voces, se taparon los oídos, y arremetieron a una contra él.*

Y echándole fuera de la ciudad, le apedrearon; y los testigos pusieron sus ropas a los pies de un joven que se llamaba Saulo (Hechos 7:56-58).

Este es un creyente maduro y lleno de fe y determinación. Rodeado de sus adversarios y a las puertas de la muerte, él no reaccionó al odio de la multitud. En lugar de rechinar sus dientes contra la gente y acusarles por su rechazo, Esteban vio a Jesús y los bendijo pronunciando la voluntad de Dios, que era perdonarles. En mi mente imagino a Esteban mirando a Jesús, la personificación de la bendición, y entonces haciendo lo que vio hacer a Jesús. ¡Vaya! Eso hará que circulen las endorfinas.

Y puesto de rodillas, clamó a gran voz: Señor, no les tomes en cuenta este pecado. Y habiendo dicho esto, durmió (Hechos 7:60).

¡Qué acto tan poderoso! Esteban luchó contra la tendencia natural humana de resistirse a la bendición y al perdón de la multitud. Él no clamó y dijo: "¡Señor Jesús, sácame de este lío! Yo no esperaba esto", o: "Sólo he estado sirviendo mesas; ¿no me merezco algo más que esto?". Esteban vio a Aquel que rompió el poder de la maldición, y por eso su enfoque no estaba en los acusadores sino en quien bendice. En cambio, el ver al Señor en su gloria le dio fortaleza para bendecir a los conspiradores y ejecutores. Esteban se convirtió en un testimonio de la verdad de que mayor es Aquel que bendice que quien maldice.

Nunca sabemos a quién afectaremos cuando escogemos una postura de bendición. El apóstol Pablo, un hombre a quien Dios utilizó grandemente para escribir un tercio del Nuevo Testamento, estaba en el apedreamiento de Esteban cuando era joven. Ese acontecimiento tuvo que haber causado una impresión en la mente de Pablo (Saulo en ese momento) (véase Hechos 22:20). Más adelante, cuando Pablo se enfrentó a personas enojadas y resistentes, también escogió bendecir y no maldecir.

En otra ocasión, Pablo y Silas fueron golpeados y metidos en la cárcel por hacer libre de un espíritu de adivinación a una joven esclava. Pablo y Silas comenzaron a cantar alabanzas al Señor en lugar de quejarse de su acomodación. Otros prisioneros les escuchaban orar y cantar himnos. Entonces, de repente, aproximadamente a la medianoche, la cárcel sufrió un terremoto que hizo que las puertas se abrieran. Surgió el avivamiento y el carcelero y toda su casa fueron salvos. Mientras otros prisioneros maldecían a sus captores, Pablo y Silas se convirtieron en el termostato para el resto de la cárcel y cambiaron la temperatura: de fríos de corazón a un ardiente avivamiento. Usted puede cambiar su situación si bendice en todo tiempo y permite que su alabanza esté continuamente en su boca.

Cuando esperamos en el Espíritu Santo, podemos pasar por muchas cosas. El marco de tiempo varía. Un importante desarrollo tuvo lugar para mí recientemente.

Hace veintidós años, yo fui traicionado en un tribunal y mi familia estaba en juego. Aunque yo hacía mucho que había perdonado y liberado a las personas que conspiraron contra mi familia, mi esposa y yo sentimos recientemente que necesitábamos bendecirlas. Comenzamos a declarar: "Señor, que ellos tengan favor contigo. Que experimenten la realidad de tu gracia".

Ahora, más de veinte años después, ellos llamaron pidiéndome cierta ayuda. Ellos sacaron el tema y pidieron perdón por lo que habían hecho en el tribunal aquel día. ¿Les estaba bendiciendo yo hacía más de veinte años? No. Yo decía: "Dios, que se haga justicia", o al menos lo que yo consideraba justicia. Creo que la resolución habría llegado años antes si yo hubiera practicado la bendición.

La bendición es un paso final en el perdón. Yo puedo perdonar cada día, pero cuando bendigo puedo comenzar a ver con los ojos del Creador y Padre. De algún modo, las cosas comienzan a verse distintas. Cuando usted bendice a personas, puede sentir su corazón. Es como si el Señor apartase las cortinas de la realidad y podemos ver las cosas desde otro punto de vista. Desde el punto de vista aventajado del Padre celestial es increíble cómo usted puede ver a la luz de la eternidad. A medida que pasaron los años, yo me sentía pasivo en cuanto al problema de la traición que había afrontado. Sin embargo, cuanto más bendecía a esas personas, más sentía misericordia por ellas. Ese es verdaderamente el poder de la bendición.

No estamos solos en nuestra lucha en este mundo. Tampoco estamos sin esperanza. Ganar mediante la bendición fue el modo en que Jesús venció.

Estas cosas os he hablado para que en mí tengáis paz. En el mundo tendréis aflicción; pero confiad, yo he vencido al mundo (Juan 16:33).

Cuando vemos que constantemente culpamos de los problemas a otras personas, ya sea en el trabajo o en el hogar, existe la probabilidad de que no hayamos entendido la revelación de la bendición. Bendecir significa que en medio del caos podemos seguir viendo a Jesús y bendecimos. Escuchar sobre el dolor y el sufrimiento de otra persona o lo que dice sobre nosotros es solamente cebo que el enemigo utiliza para maldecir. Llevar el espíritu de maldición es como ser un imán: usted atrae más de lo mismo. También, su visión es desviada de la visión de la bondad del Señor. La maldición pulsa el botón de pausa y quedamos congelados en el tiempo, retenidos para no avanzar hacia nuestro destino o favor divino.

Hacer los cambios de sentido

"Nada conectó nunca", dijo la señora con lágrimas. Pero siguió testificando y arrepintiéndose delante de la iglesia. La vida había sido una amarga píldora. Yo había visto la mirada hueca en sus ojos muchas veces antes, la mirada de alguien que ha perdido la esperanza de que suceda un milagro.

Ella había experimentado su buena parte de desengaños. En aquel momento en su vida, había pasado de la esperanza a modo de supervivencia. Así le habían enseñado sus padres a pensar y ver la vida. Su vida estaba marcada por una ira dirigida a Dios y a otras personas, sin siquiera hablar de la iglesia, porque en cuanto a ella, asistía solamente porque el resto de la familia estaba allí.

Entonces, aquella noche en la reunión ella oyó el mensaje del poder de la bendición. Su expresión era notablemente diferente. Preguntó si podía compartir algo. Al obtener el acuerdo del pastor, yo también estuve de acuerdo. Ella comenzó pidiendo a la iglesia que le perdonase por la actitud distante que ella había mostrado ante todos. Se arrepintió ante el pastor por la resistencia a su liderazgo y la murmuración ocasional por el descontento. Ella admitió que, hasta aquella noche, "no sabía que había estado maldiciendo a la iglesia y a la mayoría de personas en ella".

Era evidente que ese era su momento de libertad. El entender que las cosas podían cambiar para ella impulsó la esperanza por primera vez en muchos años. Su admisión fue tan dramática para quienes la conocían que comenzó a captarse cuando otra señora siguió después de ella. Ella había estado maldiciendo a su familia, en especial a su esposo. Le culpaba de todos los problemas que estaban afrontando; cuestionaba si Dios podía hacer alguna vez algún bien en la vida de él. Hasta aquella noche, ella no podía esperar ningún cambio. También ella se arrepintió ante su esposo y ante toda la iglesia por sus actos y por estar de acuerdo con un espíritu de maldición.

Aquella noche el lugar estaba lleno, y se podía sentir aumentar la expectación. La presencia de Dios descendió sobre el lugar como si fuera una carpa que nos cubrió cuando hubo arrepentimiento. Había personas postradas arrepintiéndose ante Dios y unos con otros.

Yo fui dirigido a dar una palabra proféticamente a un joven que estaba atrás. La palabra era que había asuntos sin terminar en su vida de los que debía ocuparse antes de ser capaz de hacer lo que realmente había en su corazón. Yo dije el mensaje. Más adelante, descubrí que él había sido fundamental para dividir a la iglesia años antes, y que se había llevado con él a setenta personas (en esa época él estaba en la plantilla). Él se dirigió directamente al pastor y se arrepintió de lo que había hecho. A veces, cuando se introduce la revelación de la bendición, está precedida por arrepentimiento para romper los ciclos repetitivos de maldición.

ORACIÓN

Padre, te doy gracias por el poder del Espíritu Santo que nos permite entrar en la bendición del Señor. En este momento, queremos ser libres de las palabras que nos hayan herido. Sabemos que nada puede causar división y peleas a menos que nosotros le demos vida. Pedimos que el poder de tu gracia nos libre y nos haga ser un instrumento de bendición en palabras y en obras. Amén.

Capítulo Diez

Su redención se acerca

En los capítulos anteriores hemos hablado de los beneficios de la bendición: honra al Señor al igual que libera nuestra herencia en el Señor. Debo confesar, como la mayoría de personas, que yo solía usar el término *bendición* para describir un sentimiento o un estado de ser. Si a alguien le iba bien y las cosas estaban a su favor, decía: "Soy bendecido". Desde entonces he llegado a entender que la bendición es un estilo de vida y una posición de estar cubierto por el favor del Señor. Sin embargo, debemos distinguir el sentimiento de la bendición de la obediencia de la bendición. Podemos hacerlo comparando las palabras "feliz" y "gozo".

La felicidad se basa únicamente en acontecimientos. Es una emoción o sentimiento que obtenemos cuando lo que está sucediendo en nuestra vida es agradable. Cuando llega algo bueno, como un ascenso, somos felices. El gozo, por otro lado, es un atributo del Espíritu Santo. No se basa en la necesidad de algo feliz en lo que regocijarse. La Biblia dice que el gozo del Señor es nuestra fortaleza (véase Nehemías 8:10). Notemos que no dice el gozo *por* el Señor. El gozo llega como impartición directa del Señor mediante el Espíritu Santo. Este tipo de gozo es un resultado de confiar en el Señor en cada acontecimiento de la vida. El gozo del Señor es una constante, incluso cuando las cosas no sean necesariamente felices. La felicidad puede ser momentánea o fugaz en el mejor de los casos, pero el gozo del Señor es el sentimiento de que Dios tiene el control, aunque yo no lo entienda en ese momento.

La bendición es similar porque no se basa en cosas como si sentimos que somos bendecidos o de hecho no tenemos ganas de bendecir a nadie. La bendición debería ser una constante en nuestra vida al igual que lo es el gozo. La bendición es también un atributo de Cristo; después de todo, Él murió para liberar a quienes estaban bajo maldición. La bendición no se trata de un sentimiento, si alguien que particularmente nos cae mal merece ser bendecido o no. Estoy agradecido porque Jesús no esperó a tener los sentimientos adecuados antes de estar dispuesto a morir por mí.

No creo que Jesús estuviera necesariamente feliz en cuanto a ir a la cruz. Podemos comprobarlo por la oración que Él hizo en el huerto: para que la copa que tenía que beber pasase de Él si era posible. Jesús también oró: *"… pero no se haga mi voluntad* [felicidad], *sino la tuya"* (Lucas 22:42). También leemos en Hebreos 12:2 que Jesús, el autor y consumador de la fe, soportó la cruz por el gozo puesto delante de Él. Podemos ver que el gozo que Él veía le mantuvo avanzando hacia su destino. Yo creo que el gozo que Jesús vio era la gloria que le iba a ser restaurada a la diestra del Padre después de la cruz.

A veces puede que la bendición se sienta como tener que morir a nuestra propia voluntad; sin embargo, el gozo que sigue es el poder de Dios liberado para hacer la voluntad de Él: bendecir y no maldecir. La resurrección está conectada con la bendición. La resurrección es la victoria que da a cada creyente la autoridad para resistir al diablo. La bendición es la victoria mediante la cual no caímos presa de maldecir o juzgar a quien merece nuestra bendición. La bendición es como el perdón: es un regalo que podemos dar. Por eso podemos perdonar como un regalo, o podemos retenerlo y no ser perdonados nosotros mismos. Al igual que la bendición, podemos darlo como un regalo o podemos retener la bendición y escoger tampoco recibirla. Jesús nos dio el regalo de la vida mediante la resurrección, y nosotros, mediante el poder de la bendición, podemos escoger vida y no muerte, bendición y no maldición. El poder de la bendición es verdaderamente del tipo redentor.

NADA TOMA EL LUGAR DE LA OBEDIENCIA

El profeta Jonás recibió una tarea de parte de Dios de ir a la ciudad de Nínive. Allí, debía predicar arrepentimiento y dejar el resto a Dios. Jonás no tenía ganas de ir a Nínive, sabiendo que ellos se arrepentirían y Dios apartaría su ira. Jonás evidentemente prefería ver los fuegos artificiales en lugar de la misericordia de Dios. Como algunos de nosotros, Jonás quería una confirmación para sus sentimientos. Fue hasta el puerto y coincidentemente encontró un barco que iba en dirección opuesta a Nínive: la dirección de la que él huía.

Jonás estaba feliz porque las cosas habían salido a su manera; aunque él tenía ganas de maldecir a Nínive, tenía paz con respecto a toda la situación. Yo sé eso porque Jonás fue capaz de subir al barco y quedarse dormido rápidamente. Debería notar que hay una paz que podemos hacer aparecer o estar de acuerdo con nuestra propia desobediencia. Se puede tener paz mental pero no paz en el espíritu. Cuando Jonás se encontró tragado por un pez gigantesco y después expulsado en una playa fue cuando entendió que la bendición es redentora y la maldición es rebeldía.

Hablando de redención, el Espíritu Santo me recordó la última vez que Jesús comió la Pascua con sus discípulos. Fue enfatizada al repartir Él la copa de redención. Permita que antes proporcione una breve historia sobre este poderoso momento con los discípulos. La declaración de Jesús aquella noche en la cena de Pascua (la fiesta judía) adoptó un nuevo significado. Hay mucho más en esta cena de pacto de lo que engloba el servicio de comunión promedio. En cuanto a lo que nos ocupa, una pequeña explicación relevante para la bendición será suficiente.

LA COPA DE BENDICIÓN

Había cuatro copas de vino en una fiesta. Esa era la Pascua judía. Durante esta fiesta, se bebían cuatro copas de vino para conmemorar el viaje de los israelitas como pueblo y la promesa de Dios para ellos. La primera copa de vino se bebía para recordar lo que el Señor había hecho. Salir de Egipto a la Tierra Prometida fue un evento que nunca había de ser olvidado. Ningún otro pueblo vio la protección y provisión de Dios de modo tan fuerte como los israelitas.

Poniendo una pequeña cantidad de vino en la copa, los judíos la bebían y afirmaban algo parecido a lo siguiente: "Señor, recordamos que tú nos sacaste de Egipto".

La segunda copa de vino se bebía como recordatorio de que ellos nunca más volverían a ser esclavos. Los años de duro trabajo en Egipto debían ser un recuerdo y sólo eso. Entonces la tercera copa, con la que la mayoría de personas está más familiarizada debido a la comunión, fue la que Jesús escogió para hacer su declaración profética. Esa era la *copa de redención*, también conocida como la *copa de bendición* (*eulogia* en griego) y la *copa de la Trinidad*.[1] Explicaré más en breve.

La cuarta copa de vino simbolizaba la promesa profética dada a Abraham de que ellos serían un pueblo y una nación. Dios no había olvidado su promesa a Israel. Cuanto más antisemita se vuelve el mundo, más sabrá Israel que Jehová es su Dios.

La historia de los israelitas de la salida de Egipto era ratificada en esa tercera copa. ¡Se consideraba la sangre del cordero! Puesta sobre los dinteles de las puertas de las casas israelitas, la sangre les mantuvo a salvo del espíritu de muerte que pasó por Egipto, llevándose al primogénito que no estaba cubierto por la sangre (véase Éxodo 12:13). Los egipcios estuvieron bajo juicio por ser maldecidores que defraudaron y esclavizaron a los israelitas. Dios había prometido a Abraham que Él bendeciría a quienes le bendijesen y maldeciría a quienes le maldijesen (véase Génesis 12:3). Eso sin duda era cierto también para la simiente de Abraham. Los egipcios estaban experimentando al Dios de Abraham que les devolvía sus maldiciones. El relato una y otra vez de la historia de la liberación era ahora mandato de los israelitas para generaciones. Sus enemigos escuchaban de su milagrosa libertad, y causaba temor en sus corazones. ¿Quién quería ir a la guerra contra una nación cuyo Dios cuidaba de ellos así?

¡Qué profético fue que Jesús escogiera la tercera copa en la cena de Pascua! Con la copa de redención, Él anunció un nuevo pacto entre Dios y la humanidad. Jesús pudo haber escogido cualquiera de las cuatro copas para el recuerdo, pero escogió la copa de redención. Pablo se refiere a esta copa como la *copa de bendición* (véase 1 Corintios 10:16). La copa de la que Jesús bebió, o en un sentido más verdadero, la copa que Él demostraría, fue la crucifixión.

Creo que es interesante que esta "copa de la cruz", si se prefiere, se llamase copa de bendición. Jesús fue a la cruz de bendición para hacernos libres del poder de la maldición. Este principio de bendición sigue siendo relevante en la actualidad; en ella, podemos romper el poder de una maldición mediante el poder de una bendición. La bendición siempre triunfa sobre la maldición.

¿De qué lado de la cruz está usted? ¿El lado de la bendición que destruye la maldición, o el lado de la maldición que está en oposición a la obra de la cruz? Este pacto representaba el corazón del Padre: un corazón de bendición. Era un mejor pacto. Jesús también estableció la conexión entre la copa de bendición y la sangre del cordero. La conexión es que cuando tomamos la copa de bendición, nos situamos bajo el nuevo pacto. Ya no está el velo que nos separaba de Dios; ahora podemos tener acceso a todas las promesas de Dios. Lo que ellos tenían en el Antiguo Testamento era sólo una sombra de ello.

*Hablad a toda la congregación de Israel, diciendo: En el diez de este mes tómese cada uno un cordero según las familias de los padres, **un cordero por familia**. Mas si la familia fuere tan pequeña que no baste para comer el cordero, entonces él y su vecino inmediato a su casa tomarán uno según el número de las personas; conforme al comer de cada hombre, haréis la cuenta sobre el cordero. El animal será sin defecto, macho de un año; lo tomaréis de las ovejas o de las cabras. Y lo guardaréis hasta el día catorce de este mes, y lo inmolará toda la congregación del pueblo de Israel entre las dos tardes. **Y tomarán de la sangre, y la pondrán en los dos postes y en el dintel de las casas en que lo han de comer** (Éxodo 12:3-7).*

Los israelitas tenían que escoger un cordero sin defecto para la fiesta de la Pascua. Era imperativo que el cordero no tuviera tacha, porque era un tipo de Cristo. Cada cordero era examinado antes de que la familia pudiera prepararlo para la fiesta. Cuando el cordero era elegido, la familia lo llevaba a la casa, donde ellos se familiarizarían con el sacrificio. En el momento adecuado, mataban al cordero degollándolo y ponían su sangre en los dinteles de las puertas. La casa ya estaba identificada con la sangre; sus habitantes estaban a salvo del destructor. ¡Qué cuadro tan perfecto de Jesús! Era lo que Él estaba a punto de experimentar después de haber tomado la copa de redención, haberla bendecido y haberla bebido. Ninguno de sus discípulos podía entender plenamente el valor eterno de lo que estaban viendo delante de sus propios ojos. Escogido como el Cordero de Dios sin mancha, Jesús estaba a punto de entregar su vida para salvar a muchos de la destrucción. Su sangre sería puesta sobre los dinteles de las puertas de multitudes para salvarlos de la destrucción. Esta sangre sigue estando activa en la actualidad.

Reunirnos como creyentes en un servicio de comunión simboliza lo que ha tenido lugar tanto en la esfera espiritual como en la natural. El Cordero de Dios fue inmolado, y debido a su sangre somos libres de la maldición. Se nos da una nueva naturaleza y somos ligados por algo más fuerte que la muerte misma mediante la sangre de Jesús. Bajo el nuevo pacto, ahora podemos ser un bendecidor y no un maldecidor, al igual que Jesús lo era y lo sigue siendo. Creo que tomar su cruz y seguir a Jesús conlleva tomar la copa de bendición y seguir sus pasos. Nada molesta más al diablo que alguien que no acepta el cebo y maldice. Y todos somos llamados a esta celebración de la Pascua, celebrando cada día la vida de Cristo mediante bendecir a quienes Él ha bendecido.

> *Como a sensatos os hablo; juzgad vosotros lo que digo. La* **copa de bendición** *que bendecimos, ¿no es la comunión de la sangre de Cristo? El pan que partimos, ¿no es la comunión del cuerpo de Cristo?* (1 Corintios 10:15-16).

¡Un sí definitivo! El acto mismo es simbólico de una realidad. Al beber la copa, estamos participando de nuestro pacto mediante la sangre de Jesús. Dios produce una transformación interior en nosotros en la que nos convertimos en personas de bendición. Él quiere infundir en cada parte de nuestra vida la *eulogia*, de modo que cuando hablemos como una voz por Jesús, afirme la cruz de bendición. La bendición entonces se convierte no sólo en algo que utilizamos como saludo, sino en un instrumento de poder. Deberíamos dar la bendición tan gratuitamente como la hemos recibido.

Hubo una conversación con sus discípulos en la que Jesús hizo alusión a la idea de la bendición como estilo de vida. Lo que ellos habían querido eran posiciones y lugares de autoridad. Lo que obtuvieron fue un reto.

> *Él le dijo: ¿Qué quieres? Ella le dijo: Ordena que en tu reino se sienten estos dos hijos míos, el uno a tu derecha, y el otro a tu izquierda. Entonces Jesús respondiendo, dijo: No sabéis lo que pedís.* **¿Podéis beber del vaso que yo he de beber, y ser bautizados con el bautismo con que yo soy bautizado?** *Y ellos le dijeron: Podemos. Él les dijo: A la verdad,* **de mi vaso beberéis,** *y con el bautismo con que yo soy bautizado, seréis bautizados; pero el sentaros a mi derecha y a mi izquierda, no es mío darlo, sino a aquellos para quienes está preparado por mi Padre* (Mateo 20:21-23.

Jesús se estaba refiriendo a su crucifixión cuando les preguntó si ellos podían beber la copa que Él estaba a punto de beber. La palabra "copa" se refería a vivir una vida de bendición y entregar la vida, lo cual a veces revierte en maldición.

La Comunión tenía intención de ser algo más que sólo un ritual cristiano. Al tomar la copa durante la comunión, estamos participando de la copa de redención, que es el corazón del Señor para bendecir. Aunque el acto de la comunión pueda estar restringido a un momento y lugar, la extensión de la bendición no lo está. Podríamos estar en casa, en el trabajo, en la parada del autobús, en la jungla, en un avión, en un submarino, donde sea, y aun así bendecir. La bendición no conoce fronteras. Cada vez que bendecimos, estamos recordando lo que Jesús ha hecho. Cuando da la copa de bendición, verá cómo es usted marcado para que la destrucción pase por su lado. Se nos hizo una promesa durante aquella Pascua. Jesús dijo que no volvería a beber de "esta" copa hasta que la bebiese con nosotros en el Reino de su Padre. En la consumación de la cena de las bodas del Cordero (Jesús), vamos a beber del nuevo de esta copa. Él está esperando a que nos unamos a Él en esta celebración que nadie ha experimentado jamás; hasta entonces, tenemos un compromiso. Esta promesa se entiende mejor en el contexto de la cultura judía. Cuando un joven judío quería casarse con una muchacha, obtenía permiso de su padre. Si se le permitía casarse con ella, tomaba una copa de vino e iba a su casa, y le daba a ella una copa de vino. Si ella tomaba el vino, también él bebía. Eso era para significar su aceptación del compromiso matrimonial. Nosotros estamos esperando el regreso de Él y la finalidad de nuestro pacto con Cristo. Hemos bebido el vino y estamos diciendo que le seremos fieles hasta que Él regrese.

Dios da un gran valor al pacto matrimonial, anunciando que lo que Él une, nadie debería separarlo. Él nos ha bendecido y nos ha comprometido con su Hijo con la copa de bendición. Lo hizo mediante la cruz, y nuestra copa ahora está llena y rebosando. Un resumen de lo que está contenido en tomar la copa es casi asombroso: un mejor pacto, poder que vence, bendición y una promesa del Novio mismo: un día, beberemos esta copa con Él en la gloriosa fiesta matrimonial. Ninguna otra celebración desde el comienzo de la creación se comparará.

CASA DE BENDICIÓN

La voz de mamá resonaba desde los pasillos del tiempo: "Ruego la sangre de Jesús sobre mi familia".

Sus palabras se repetían en mi espíritu cuando estudiaba una noche. Eran palabras que yo le oía orar frecuentemente. Yo no entendía lo poderosa que era esa declaración; me había acostumbrado tanto a oírla que la descartaba.

Mi madre estaba declarando la copa de bendición. Ella ha pasado a recibir su descanso y recompensa, pero el poder de sus palabras significan para mí más ahora que nunca antes.

La bendición que ella declaraba hace tantos años continúa teniendo efecto. Es cierto que la frase "rogar la sangre" no está en la Escritura, pero podemos encontrar otras palabras que son parecidas. La palabra *ruego* significa: "otra persona está defendiendo el caso de otra". Sabemos que el Espíritu Santo es el *parakletos*, o Aquel que se pone a nuestro lado y presenta nuestro caso, nuestro abogado (véase Juan 14:26).[2]

La bendición invoca el pacto de sangre sobre una casa y familia. De manera similar, los israelitas pusieron la sangre sobre los dinteles de sus puertas para mantener fuera la muerte. La enfermedad y los desastres económicos no pueden permanecer contra la sangre de Jesús y la palabra de nuestro testimonio.

Cuando mi esposa Diane y yo entramos en la habitación de un hotel (y hemos tenido nuestra buena parte de eso), ella abre la puerta y dice: "Proclamo la sangre de Jesús sobre esta habitación y santifico esta habitación como un santuario del Señor, ¡y echo fuera todo espíritu inmundo!". Sé que funciona porque no tengo ningún problema para dormir. Cuando entramos en una casa, nuestra paz debe estar sobre ella (véase Lucas 10:5). Si nuestra paz regresa a nosotros, es como un eco que indica que no hay paz alguna o compañerismo/ comunión allí. ¿Y si es nuestro propio hogar el que no tiene paz? Entonces recorremos nuestra casa y la bendecimos.

"¡Mi paz sea sobre ti! ¡Sea paz sobre esta casa!".

El Señor acudirá e invocará su derecho de pacto sobre esa casa. Es como si Él dijera: "He escrito mi nombre en esta casa y nada mortal entrará". La maldición invalida la cubierta, porque la maldición está en oposición a la obra de la cruz y de la bendición. Ya que con la bendición llega la paz, podemos también concluir que con la maldición llega la falta de paz y de bienestar. Santiago nos dice que no seamos *de doble ánimo*; una persona de doble ánimo es inestable en muchos caminos (véase Santiago 1:7-8). Que no piense la persona de doble ánimo que podrá recibir nada del Señor. Una persona de doble ánimo cree una cosa en un momento y otra en otro momento. Si usted bendice a veces y otras veces se encuentra maldiciendo, entonces es posible que pueda ser usted de doble ánimo.

¿Y si vemos pecar a alguien? Juan aclara esto. Cuando veamos a alguien pecar y que no conduce a la muerte, debemos pedir vida. (Eso significa que la persona no está endureciendo su corazón contra Dios, ni está blasfemando o negando la voluntad y el propósito de Dios). Ahora sabemos que la bendición es hablar vida y la maldición es hablar muerte. Pedir vida a Dios para alguien que está pecando no es estar de acuerdo con el pecado, es hablar restauración con respecto a donde esa persona debería estar. La Biblia nos dice que no es *la voluntad de Dios que nadie perezca* sino que todos lleguen al conocimiento de Cristo (véase 2 Pedro 3:9).

Si alguno viere a su hermano cometer pecado que no sea de muerte, pedirá, y Dios le dará vida; esto es para los que cometen pecado que no sea de muerte. Hay pecado de muerte, por el cual yo no digo que se pida (1 Juan 5:16).

La contemplación del pecador puede que sea la respuesta natural, pero al escoger bendecir nos resistimos a ser el juez, el jurado y el ejecutor. *Y así mantenemos la confianza de que cuando oramos, nuestro Padre celestial nos oye porque no hemos utilizado nuestra oración para maldecir.*

DENTRO DE ESTAS PAREDES

Comprobé el periódico. Mi anuncio estaba bajo "muebles usados en venta". Habían pasado unos días; no había habido llamadas. Se nos acababa el tiempo de la duración del anuncio.

Diane y yo decidimos bendecir y no inquietarnos. Impusimos nuestras manos sobre los muebles y empezamos a bendecir. "Bendigo este mueble. Es un recurso para bien de todo aquel que lo use. Bendigo al comprador que llegue y compre este mueble; será beneficioso para él como lo ha sido para nosotros".

Menos de una hora después, recibimos una llamada de un hombre que estaba interesado en ver los muebles, y quería que fuese enseguida. Yo estuve de acuerdo mientras me preparaba para negociar. El hombre y su esposa llegaron poco después y comenzaron a revisar los muebles. Un rato después, el hombre miró a su esposa y preguntó: "¿Qué te parece?". Ella se mostraba evasiva. "No sé". Ahora bien, yo había vendido muebles antes, así que supe que no iban a comprarlo. En un susurro, sencillamente los bendije: "Señor, les bendigo. Si ellos son la bendición del Señor que tú has enviado, gracias. El mueble vale su precio. Es un buen trato".

Aún recorriendo los muebles, el hombre continuó en tono de conversación: "Acabamos de mudarnos aquí desde Seattle. Compramos un avión y un hangar, y estoy construyendo un pequeño apartamento en el hangar. Estos muebles encajarán bien. Le haré un cheque por el precio completo. Puede usted cobrar el cheque antes para que sepa que es bueno, y yo recogeré los muebles el lunes".

El hombre nunca me pidió que le rebajarse ni un centavo del precio de los muebles. Debería decir que la suya fue la única llamada que recibimos de nuestro anuncio.

Desde aquel momento, no hemos dejado de bendecir nuestra economía. Hemos visto abundancia sobrenatural. Hemos pasado de la provisión a la abundancia mediante aprender a bendecir. Redención y restauración han sido derramadas en las áreas donde el enemigo ha robado. La queja y retirar la bendición permite al diablo entrar en la casa y robar paz y prosperidad. Quejarse en muchas maneras es equivalente a acusar a Dios de que Él no ha hecho un buen trabajo al ocuparse de nosotros.

El libro de Hageo es un buen ejemplo de lo que estoy diciendo.

Sembráis mucho, y recogéis poco; coméis, y no os saciáis; bebéis, y no quedáis satisfechos; os vestís, y no os calentáis; y el que trabaja a jornal recibe su jornal en saco roto (Hageo 1:6).

A pesar de lo mucho que trabajaran, había una maldición sobre sus esfuerzos. El dinero nunca duraba mucho porque ya se había ido en cuanto se ganaba. El profeta Hageo fue enviado a hablar a quienes estaban centrados solamente en sus propias casas y vidas. Pasaban tiempo revistiendo sus casas de cedro y dejaban el templo de Dios en ruinas. No dar su diezmo produjo una maldición sobre el resto de su producción. Cuando se dio el diez por ciento, el otro 90 fue bendecido. Un noventa por ciento bendecido es más que un cien maldecido. El templo no estaba siendo reconstruido debido a su autocomplacencia. Esta es una práctica del enemigo, en la cual hace que nos enfoquemos únicamente en nuestras necesidades y seamos negligentes en el propósito de Dios. Puede que alguien haga más dinero y aun así haya menos que mostrar, porque la cantidad completa está maldecida. Proverbios 16:7 dice: *"Cuando los caminos del hombre son agradables a Jehová, aun a sus enemigos hace estar en paz con él"*. Nuestro enemigo, el diablo, no puede robar paz y prosperidad a aquellos cuyos caminos son los caminos del Señor. Diezmar es el camino del Señor que rompe el poder de la pobreza. Cuando alguien da el diezmo, le está diciendo al Señor: "Creo en ti, Señor, y te honro". Dios tomará lo que usted tenga y lo multiplicará por encima de su capacidad de ganar cuando es bendecido al honrar al Señor mediante el diezmo.

PERO YO

A Dios le gusta ser nuestro Protector y Proveedor. A menos que Él sea quien capture nuestro corazón como nuestra principal Fuente y Sustentador de nuestra vida y provisión, habrá un vacío que será llenado con otra cosa. Dios es el Bendecidor definitivo; no hay nadie más que se compare.

*Así ha dicho Jehová: **Maldito el varón que confía en el hombre**, y pone carne por su brazo, y su corazón se aparta de Jehová. Será como la retama en el desierto, y **no verá cuando viene el bien**, sino que morará en los sequedales en el desierto, en tierra despoblada y deshabitada* (Jeremías 17:5-6).

Otra cara de la maldición es estar cegado a los caminos de Dios. Entonces es como la historia del hombre que esperaba en su tejado a que Dios le rescatase de la inundación. Rechazando la barca y después el helicóptero que pasaron por allí para salvarle, seguía esperando el grupo de rescate de Dios. Finalmente murió, ahogándose por las aguas que subían. La ayuda había llegado, pero su idea de lo que era la ayuda del Señor no encajaba con la realidad. Cuando Dios llegó, él no lo vio.

Puedo decirle verdaderamente que parte de la bendición del Señor es ser capaz de ver oportunidades cuando son enviadas a su camino. Quien vive bajo una maldición siente que nada bueno llega nunca a su camino, y que todos los demás tienen las oportunidades. Está cegado debido a la maldición.

Dios envió al profeta a la viuda cuya familia se enfrentaba a la bancarrota y la esclavitud para pagar sus deudas (véase 2 Reyes 4:3-4). A ojos de ella, no tenía nada de valor para mantener viva a su familia. Lo que sí tenía lo puso a disposición del profeta para su multiplicación. Ella obedeció la Palabra del Señor y derramó lo poco que tenía en *otras vasijas*, y el aceite siguió aumentando mientras ella tuvo *otras vasijas* donde ponerlo.

Alguien que constantemente maldice a quienes tienen más éxito normalmente se siente víctima de la sociedad. Tiende a sentir que tiene derecho a lo que otros tienen. La única manera de romper este ciclo de maldición es comenzar a bendecir y hablar sobre otros lo que le gustaría heredar para usted mismo. La bendición romperá el ciclo generacional de maldición en su vida.

Bendito el varón que confía en Jehová, y cuya confianza es Jehová. Porque será como el árbol plantado junto a las aguas, que junto a la corriente echará sus raíces, y no verá cuando viene el calor, sino que su hoja estará verde; y en el año de sequía no se fatigará, ni dejará de dar fruto (Jeremías 17:7-8)

Notemos el contraste entre estos dos versículos y los dos anteriores. Uno se refiere a la maldición sobre aquellos que solamente confían en el hombre, y los otros son bendecidos cuando confían en el Señor. Es el cuadro de un árbol. No cualquier árbol, sino un árbol fuerte y seguro cuyas raíces son profundas cerca de la fuente de agua. Por tanto, ¡que vengan el calor y la sequía! ¡Qué sople el viento! Con raíces firmemente plantadas y que absorben vida, ese árbol no es movido. El temor y la ansiedad no le conduce a las fuentes equivocadas. La seguridad para él proviene de la presencia del Señor y de su relación con el Río de vida.

Satisfecho en el Señor y en su relación con Él, está alerta a los tiempos que llegarán. ¿Puede ver que la preocupación no es ni siquiera un factor? Sí, ¡esa persona es feliz! ¿Por qué no? Podría llegar una sequía, ¡pero sus hojas son verdes y dan fruto! Otros se benefician de su vida bendecida. Recuerde que esa fue la promesa a Abraham: no sólo él sería bendito sino también sería una bendición para todas las familias de la tierra. Quizá usted sea el primero en su familia que rompa el ciclo y comience la bendición, y se convierta en un árbol plantado junto al Río de vida. Comience el día con bendición y termínelo con lo mismo. Todos necesitamos el poder de la bendición. ¿Recuerdan la vieja frase que dice que seguir haciendo las mismas cosas y esperar resultados diferentes es locura? Bien, la maldición es locura.

ORACIÓN

Padre, libero convicción en nuestros corazones y un compromiso a ser una casa de bendición y un pueblo de bendición. Decidimos proclamar las cosas de las que tenemos necesidad y sembrarlas en rectitud y fe a nuestros hijos y a la siguiente generación. Como dice Proverbios, nuestros hijos se levantarán y nos llamarán bienaventurados.

Padre, nos presentamos a ti como sacrificios vivos. Queremos ser santos y aceptables. Que las palabras de nuestras bocas y las meditaciones de nuestros corazones sean aceptables ante tus ojos. Perdónanos, oh Dios, por nuestras bromas groseras y brutales o nuestras conversaciones ociosas que derriban sin edificar. Haz que extendamos tu copa de bendición a quienes nos rodean desde ahora en adelante.

TÍPICA BENDICIÓN DE LA CASA
(Haga esta oración sobre su casa)

Esta es la casa del Señor. Es Betel; es un lugar de bendición. La paz de Dios gobierna y reina aquí. Ningún espíritu inmundo podrá tener lugar aquí. Echo fuera todo espíritu de pelea, división y discordia. Echo fuera el espíritu de pobreza. Invoco la bendición del Señor que enriquece y no añade tristeza. Libero la presencia del Señor sobre mi esposo, mi esposa y sobre mis hijos. Mis hijos serán enseñados del Señor y gran paz será sobre ellos. Ningún arma formada contra nosotros prosperará (véase Isaías 54:17). Toda voz que se eleva en juicio será hallada falsa, porque esta es la herencia de los hijos de Dios.

Capítulo Once

Tribu de bendición

"¿Quién es tu papá?"

M I RUTINA COTIDIANA incluía un viaje a Moore's Fine Food.
Era lo mejor de mi día. Desde luego, yo tenía sólo unos ocho
años de edad, y los tiempos eran mucho más sencillos entonces.
Recorría en mi bicicleta casi dos kilómetros desde nuestra casa a la
escuela los días en que el tiempo lo permitía. La escuela Near Plea-
sant Valley era el supermercado; era algo especial para mí comer
en la cafetería en la escuela. El almuerzo costaba treinta centavos
y cuatro centavos por la leche. No había tarjetas de crédito de las
que hablar a excepción de las tarjetas para gasolina. Mi papá había
organizado que el Sr. Moore, el tendero, me diera el dinero para mi
almuerzo. Me daban treinta centavos para el almuerzo y golosinas
por valor de diez centavos después de la escuela de camino a casa.

Mi amigo Dave estaba conmigo una tarde y me vio conseguir
mi ración de golosinas y firmar un ticket sin dinero alguno. Dave
pensó que era muy fácil, así que agarró lo que quería y lo puso en
el mostrador. El Sr. Moore le pidió el dinero, y Dave le dijo educa-
damente: "Haré lo que hace Kerry y deletrearé mi nombre".

El Sr. Moore respondió: "Yo conozco a su papá, pero no conozco
a tu padre". El nombre de mi padre tenía valor allí porque confiaban en él para que pagase la factura a su tiempo cada mes.

Vaya, ¡qué lección para un muchacho de ocho años! Entendí
que el nombre de la familia era un verdadero beneficio bajo
ciertas circunstancias. El nombre de mi papá valía algo, y a mí me

trataban con un respecto que era relativo al nombre de mi familia. Era consolador saber que cuando yo firmaba con el nombre de mi papá, tenía autoridad para pedir sin cualquier temor al rechazo.

Entender nuestra herencia en nuestro Padre celestial es la confianza que tenemos, que *"si pedimos alguna cosa conforme a su voluntad, él nos oye"* (1 Juan 5:14). Yo era muy bendecido porque mi padre tenía un buen nombre. Que yo fuera bendecido estaba relacionado directamente con el nombre de mi familia. Proverbios 22:1 dice: *"De más estima es el buen nombre que las muchas riquezas, y la buena fama más que la plata y el oro"*.

El nombre familiar era muy importante en la cultura judía durante la época en que Jesús enseñaba a sus discípulos sobre el Reino de Dios. En las Escrituras, muchas veces un hombre era presentado como "el hijo de". Por ejemplo, David era llamado el hijo de Isaí. Su identidad se entendía por quién era su padre.

Ya que Jesús no fue concebido mediante un padre terrenal, su ADN no provenía de una identidad terrenal, aunque Él creció en una familia terrenal. Sus seguidores tenían dificultad para entender por qué Él decía: "Yo sólo hago lo que veo hacer a mi Padre" (véase Juan 5:19-20).

Cuando Él tenía unos 12 años, se quedó atrás y debatía con los líderes religiosos en la sinagoga mientras su familia regresaba a casa. Cuando su madre descubrió que no iba con ellos, buscó por todas partes y le encontró en el templo. Cuando le preguntaron por qué no estaba con ellos, Él respondió: *"en los negocios de mi Padre me es necesario estar"* (Lucas 2:49).

Incluso a esa temprana edad, Jesús identificaba quién era su Padre. Cuanto más se refería Jesús a su Padre, más curiosos estaban sus seguidores en cuanto a quién era su Padre. Esto era inusual para ellos porque el fundamento de su pensamiento era terrenal, y la autoridad de una persona se equiparaba al nivel de su nombre y estatus familiar.

Jesús comienza a hablarles de la casa de su Padre y de los muchos lugares que había allí. Él dijo:

No se turbe vuestro corazón; creéis en Dios, creed también en mí. En la casa de mi Padre muchas moradas hay; si así no fuera, yo os lo hubiera dicho; voy, pues, a preparar lugar para vosotros. Y si me fuere y os preparare lugar, vendré otra vez, y os tomaré a mí mismo, para que donde yo estoy, vosotros también estéis (Juan 14:1-3).

Tomás no pudo soportarlo más, y expresó la pregunta que los demás querían hacer pero tenían temor a hacerla.

Le dijo Tomás: Señor, no sabemos a dónde vas; ¿cómo, pues, podemos saber el camino? Jesús le dijo: Yo soy el camino, y la verdad, y la vida; nadie viene al Padre, sino por mí (Juan 14:5-6).

La pregunta de Tomás puede que no nos parezca demasiado importante en la cultura occidental, pero para un judío es de suprema importancia. Tomás quería decir: "Si vamos a seguirte, entonces dinos de dónde provienes y quién es tu Padre para que podamos saber dónde vas". En la cultura de Oriente Medio, la identidad del padre y su estatus definían el futuro de la persona. Si ellos podían entender quién era su Padre, finalmente podrían saber el camino y su destino.

*Felipe le dijo: Señor, **muéstranos el Padre**, y nos basta. Jesús le dijo: ¿Tanto tiempo hace que estoy con vosotros, y no me has conocido, Felipe? **El que me ha visto a mí, ha visto al Padre**; ¿cómo, pues, dices tú: Muéstranos el Padre?* (Juan 14:8-9).

¿Por qué era importante para Felipe conocer al Padre? Para un judío, conocer al padre de alguien decía mucho sobre el hombre mismo, porque revelaba su identidad y su ADN. El pueblo judío entendía la fuerte conexión existente entre el padre y el lugar familiar. Los nombres no tenían tanta identidad como el del padre o su lugar de origen.

Revelar al padre mostraba la identidad del hijo. Los discípulos querían una imagen clara del Padre de Jesús para poder saber lo que les esperaba. Tal conocimiento en la cultura de Oriente Medio determinaba el nivel de expectativa de la persona. Si el padre del novio no era un hombre con medios, entonces el lugar que él iba a preparar podría estar en el desierto en algún lugar o en una zona de pobreza. Pero si el padre era un hombre con medios, la expectativa en cuanto al futuro de la nueva pareja aumentaba.

Es aquí donde entra la conexión con los creyentes en todo lugar. Esencialmente, cuando Jesús estaba diciendo que iba a preparar un lugar para su esposa, eso era una forma de acuerdo de pacto. Saber de dónde venimos espiritualmente es esencial, porque habla de nuestro destino eterno. Nuestra experiencia del nuevo nacimiento nos injertó en nuestro Padre celestial. Sin importar en qué familia hayamos nacido, cuando nacemos de nuevo tenemos un nuevo ADN de nuestro Padre del nuevo nacimiento. Por revelación, llegamos a saber que nuestro Padre celestial no es pobre, ni tampoco es abusivo.

Jesús quiere que conozcamos al Padre y que sepamos que Él es el Padre de bendición. Nuestra nueva identidad familiar es una de identidad de bendición. Esta identidad familiar celestial es conocida por su carácter de bendición. El Espíritu Santo es el tutor de la familia, y Él nos guiará para ser semejantes a nuestro Padre. El atributo de nuestro Padre es la bendición. Como hijos e hijas, aprendemos que el ADN familiar es bendecir y no maldecir. Cuanto mayor sea la revelación que tengamos de nuestro Padre en los cielos, mayor será la confianza que tengamos cuando oramos. Quienes bendicen, experimentan un tiempo en oración mucho más fácil que quienes son más propensos a tener una perspectiva negativa. Sus oraciones tienden a centrarse más en repetir el problema delante del Señor que en anunciar la solución mediante la bendición.

Jesús nos restauró para con el Padre mediante su adopción. Ya no somos esclavos de una vida de maldición, sino que tenemos una vida de plenitud y bendición. Muchos quieren los beneficios de conocer el Padre sin ser parte de su familia. Los miembros de la familia tienen ciertos protocolos que les marcan como pertenecientes a Él. La vida bendecida de quien ha sido trasladado del reino de las tinieblas al Reino de Dios tiene una reserva de bendición a la espera para ser liberada sobre otros.

He hecho que hombres mucho mayores que yo pasen por cierto tipo de Bar Mitzvah espiritual. Cuando experimentaron al Padre bendiciéndoles como a un hijo, fue increíble el cambio que tuvo lugar. Hay un viejo adagio que dice algo parecido a lo siguiente: "No eres un hombre hasta que tu padre diga que lo eres". Un Bar Mitzvah (o un Bat Mitzvah para las chicas) en la cultura judía es la celebración y la comisión de los jóvenes que les da los derechos de paso para ser una persona adulta. El Bar Mitzva le daba al joven el derecho a dirigir negocios en nombre de la familia. La responsabilidad de no deshonrar a la familia también estaba incluida en este privilegio. El padre de un joven o una joven ponía sus manos sobre ellos y les daba una bendición. La bendición incluía declaraciones sobre prosperidad y larga vida. Era una guía profética hacia su destino.

Yo creo con todo mi ser que Dios honra estos tipos de bendiciones sobre nuestros hijos. Seguramente tienen opciones en todo lo que hacen. Proverbios nos dice: *"Instruye al niño en su camino, y aun cuando fuere viejo no se apartará de él"* (Proverbios 22:6). La bendición es una huella profética marcada en su espíritu, y ellos no olvidarán ese momento de paso. *La bendición de un padre es un poderoso acto que Dios nos entrega. Conectará los corazones de sus hijos a los de usted como ninguna otra cosa puede hacerlo. Saber que su padre les aprueba es una herramienta en el desarrollo de su vida.*

Puede que haya quienes tienen temores que resultan de dolorosas relaciones con sus padres, y les preocupa poder repetir lo mismo con sus propios hijos. Si este es su caso, puede ser libre hoy recibiendo la bendición de su Padre celestial. Él tiene cosas buenas que declarar sobre su vida. Esto le dará confianza en que puede usted dirigir los negocios de la familia utilizando el nombre de su Padre celestial. Ya no tiene que sentirse indefenso, repitiendo los viejos patrones que han inundado su familia durante generaciones. Bienvenido a la familia de la bendición.

Cuando nos convertimos en cristianos, entramos en un paradigma totalmente nuevo para vivir. Ya no podemos seguir culpando de nuestros actos a nuestros padres biológicos o adoptivos. Nuestro Padre celestial espera que crezcamos y seamos semejantes a su imagen, y vivamos según su bendición declarada sobre nosotros. Existe la necesidad de una madurez adecuada en el área de los dones espirituales. Los dones de Dios son gratuitos, pero la madurez es costosa. Aunque se nos prometen dones a edad temprana, tenemos que llegar a la madurez. Dios no los retiene de nosotros; más bien espera el momento adecuado, cuando lleguemos a la edad adulta. ¿Estamos preparados para las responsabilidades que conlleva ese don? Primero tenemos que crecer a semejanza de Él. Finalmente, el Padre liberará para nosotros lo que prometió y comenzará a desarrollar el negocio familiar.

EL CUMPLIMIENTO DEL TIEMPO

…Entre tanto que el heredero es niño, en nada difiere del esclavo, aunque es señor de todo; sino que está bajo tutores y curadores hasta el tiempo señalado por el padre. (Gálatas 4:1-2).

Este versículo se refiere a Jesús, quien, cuando era niño, seguía estando bajo autoridad aunque era el heredero de toda la creación. Notemos que Él continúa estando bajo guardianes hasta el momento en que el Padre le libera. Parte del tutorial de madurez para quienes crecen en la familia de Dios es aprender a bendecir y no maldecir o deshonrar el nombre del Señor.

Jesús no mostró a Felipe un testimonio personal cuando le pidió que le mostrase al Padre. Él les mostró una vida comprometida al terminar y recorrer la distancia, incluso hasta la cruz: una vida de distinción que sobresaldrá. Tiempo después, usted aprende a practicar el ser un bendecidor; la línea es claramente distinta entre quienes practican la maldición como parte de la naturaleza caída de Adán y quienes bendicen según el segundo Adán resucitado.

Una parte de mi familia siguió del lado de la bendición y la otra parte siguió del lado de la maldición. La parte que siguió en la bendición ha prosperado y sus familias viven en paz. No puedo decir lo mismo de la parte de la maldición. Algunos de ellos murieron prematuramente, algunos fueron capturados por las adicciones a las drogas y pasaron un tiempo en la cárcel. Nuestro futuro está ligado al lado de la vida en el que permanezcamos.

DOS MONTES

Cuando llegó el momento de que Israel cruzará el Jordán y reclamara su herencia, Dios le dijo a Moisés que dividiera las 12 tribus. Seis de las tribus se quedaron en el monte Gerizim y las otras seis tribus en el monte Ebal. Las tribus fueron elegidas específicamente según el lado del monte en que estaría cada una (véase Deuteronomio 27:11-13). El monte Gerizim había de ser el monte de la bendición, y el monte Ebal había de ser el lugar de la maldición. Ellos debían repetir las bendiciones y maldiciones antes de poder entrar en la tierra. Dios quería que supieran cómo vivir en la tierra y prosperar mediante la bendición, pero si ellos escogían la maldición, entonces la tierra no les sería favorable. Una por una, las bendiciones y las maldiciones fueron leídas en voz alta, y la congregación de Israel estuvo de acuerdo. El siguiente es un vistazo a la lista del lugar donde cada tribu estaba situada.

BENDICIÓN	MALDICIÓN
Simeón	Rubén
Leví	Gad
Judá	Aser
Isacar	Zabulón
José	Dan
Benjamín	Neftalí

Viajemos con estas tribus por la Escritura, y vemos claramente por qué Dios escogió a cada tribu para representar la bendición o la maldición en aquellos montes. Leví, la tribu del sacerdocio, llevaba a los israelitas delante de Dios y le representaba a Él en la tierra. Ser sacerdote requería que la persona naciera como levita. Su tarea era realizar los sacrificios y hacer expiación por el pueblo. Las bendiciones seguían dondequiera que los levitas funcionaban adecuadamente en el lugar que Dios les había dado.

José también estaba en el monte de la bendición. Él era *"Rama fructífera junto a una fuente, cuyos vástagos se extienden sobre el muro"* (Génesis 49:22). Él fue quien estaba situado estratégicamente en Egipto para liberar familia de un período prolongado de hambruna. José término en Egipto en cautividad, pero Dios le exaltó allí y produjo la liberación de la muerte para las otras 11 tribus. Y estas eran solamente dos de las seis tribus que estaban en el monte de la bendición.

Dios pondrá a personas en nuestras vidas o nos situará de modo que en el momento correcto y en el lugar correcto, mientras estamos haciendo las cosas correctas, llegará liberación a otra persona. José no entendía plenamente por qué terminó en el pozo y en la cárcel en Egipto; no hasta más adelante. Normalmente, la razón para estar situado estratégicamente en algún lugar está velada al principio y se revela con el tiempo.

LA TRIBU DE JUDÁ

En el monte de la bendición también estaba la tribu de Judá. El Señor puso su amor y escribió su nombre en Judá, un honor que las otras tribus no recibieron.

> *Desechó la tienda de José, y no escogió la tribu de Efraín, sino que* ***escogió la tribu de Judá****, el monte de Sion,* ***al cual amó*** (Salmos 78:67-68).

Judá era conocida por varias características. Una de ellas era ser una tribu que bendecía a Dios y a las personas. El rey David, el salmista y el hombre conforme al corazón de Dios, nació en la tribu de Judá. La profunda confianza de David en Dios y su amor por Él están registrados en el libro de Salmos. El Señor aseguró el trono a los descendientes de David mientras ellos obedecieran el pacto (véase Salmos 132:11-12). Pero un descendiente de David a quien el trono pertenecía para siempre se predijo incluso desde el comienzo de la tribu de Judá. Él traería bendición y esperanza al mundo.

*No será **quitado el cetro de Judá**, ni el legislador de entre sus pies, hasta que venga **Siloh**; y a él se congregarán los pueblos* (Génesis 49:10).

Ese cetro significa "autoridad". Aunque reyes y gobernantes salieron de Judá, a su tiempo Siloh (Jesús) llegó y cumplió esta palabra (véase Lucas 1:32). Jesús se convirtió en el Bendecidor definitivo quien dio su vida para redimir a toda la humanidad y restaurarla a Dios. Llamado el León de Judá, Jesús se convirtió en el Cordero sacrificial que pagó el precio del rescate para que pudiéramos estar en el monte de la bendición. Él hizo posible que el resto del mundo fuese incluido en las promesas de bendición de Dios que fueron dadas a su pueblo escogido: los israelitas.

Judá no sólo fue una tribu que bendecía, también fue un vencedor.

Sacaré descendencia de Jacob, y de Judá heredero de mis montes; y mis escogidos poseerán por heredad la tierra, y mis siervos habitarán allí (Isaías 65:9).

Incluso cuando se establecieron en la Tierra Prometida, la tribu de Judá gobernó sobre sus enemigos. Sus fronteras en la Tierra Prometida englobaban zonas montañosas donde Judá estaba establecida (véase Josué 15:8-11). Los montes son el lugar ideal desde el cual gobernar al enemigo. Mantener vigilado al enemigo es más fácil desde la cumbre del monte que si se está en un valle. Notemos que Dios le dio a Judá una posición detallada y estratégica.

Judá se traduce como "alabanza". Fiel a su nombre, Judá era una tribu conocida por el honor y la alabanza. Judá estará alabando siempre delante del trono de Dios. Para no hablar más sobre un punto establecido anteriormente sólo diremos que la alabanza ara el terreno en preparación para la cosecha.

Arará Judá, quebrará sus terrones Jacob (Oseas 10:11).

Mientras que Judá araba mediante la alabanza, las 11 tribus seguía detrás rompiendo los terrones. Judá estaba destinada a dirigir en la instrucción. Dios prometió habitar en la alabanza de su pueblo (véase Salmos 22:3). En medio de la congregación, el Señor se sentaría mientras ellos le alababan. Él estaba presente siempre que su pueblo le alababa, y dondequiera que Él estaba, había bendición. Es una verdad para siempre que nosotros como creyentes en Cristo disfrutamos en la actualidad.

> *Dios es conocido en Judá; en Israel es grande su nombre.*
> *En Salem está su **tabernáculo**, y su habitación en **Sion***
> (Salmos 76:1-2).

El tabernáculo de Dios es su presencia. Judá se equipara a Sion, la ciudad del gran rey. Es una ciudad que atrae los ojos del mundo en belleza e importancia.

> *Hermosa provincia, el gozo de toda la tierra, es el monte*
> *de Sion, **a los lados del norte**, la ciudad del gran Rey*
> (Salmos 48:2).

Los "lados del norte" aquí se refieren a la Iglesia en la Escritura. Era el lugar donde Lucifer quería situarse él mismo para recibir adoración.

> *Tú que decías en tu corazón: Subiré al cielo; en lo alto,*
> *junto a las estrellas de Dios, levantaré mi trono, y en el*
> *monte del testimonio me sentaré, **a los lados del norte***
> (Isaías 14:13).

Pero ese lugar no era para él. ¿Recuerda lo que le sucedió al diablo? (Hablamos de ello en el capítulo nueve). Ese lugar le pertenece solamente a Jesucristo, la Cabeza de la Iglesia. Por tanto, Satanás se sigue relamiendo por algo que nunca poseerá.

USTED ESTÁ AQUÍ

El libro de Hebreos lo expresa mejor:

> *Porque cambiado el sacerdocio, necesario es que haya también cambio de ley; y aquel de quien se dice esto, es de otra tribu, de la cual nadie sirvió al altar. Porque manifiesto es que nuestro Señor vino de la tribu de Judá, de la cual nada habló Moisés tocante al sacerdocio* (Hebreos 7:12-14).

El lugar donde nosotros encajamos en este gran cuadro es la parte más emocionante para mí. *Cada creyente que entra en el Reino de Dios bajo el nuevo pacto es injertado en la tribu de Judá.* Podemos decir que la bendición es el ADN de Judá. Dios situó a Judá en el monte de la bendición con el cuadro profético de que Jesús el Mesías vendría de la tribu de bendición. Somos situados en el linaje de la *tribu de bendición.* ¿No diría usted que eso es causa suficiente para una celebración?

Jesucristo hizo eso posible injertándonos mediante su muerte y resurrección. Antes éramos ramas salvajes y extrañas, pero ahora somos injertados para convertirnos en parte del pueblo de Dios (véase Romanos 11:17). Pero las bendiciones que Dios había proclamado sobre Abraham con respecto a su descendencia natural, los judíos, y los injertados, permanecen. Los judíos siguen siendo bendecidos porque la Palabra de Dios no puede ser anulada. Incluso cuando los judíos toman una ruta diferente, Dios ha establecido sobre ellos ciertas bendiciones y palabras que nadie puede erradicar, ni siquiera Estados Unidos ni cualquier otro país. El apóstol Pablo argumentó este punto con detalle en varios lugares en el Nuevo Testamento.

> *Digo, pues: ¿Ha desechado Dios a su pueblo? En ninguna manera. Porque también yo soy israelita, de la descendencia de Abraham, de la tribu de Benjamín* (Romanos 11:1).

Algunos que han sustituido la promesa de Dios a los judíos, denominado teología de sustitución, por la Iglesia están mal informados. Dios no desposee a aquellos con quienes ha hecho un pacto.

Digo, pues: ¿Han tropezado los de Israel para que cayesen? En ninguna manera; pero por su transgresión vino la salvación a los gentiles, para provocarles a celos. **Y si su transgresión es la riqueza del mundo, y su defección la riqueza de los gentiles, ¿cuánto más su plena restauración?***... Por cuanto yo soy apóstol a los gentiles, honro mi ministerio, por si en alguna manera pueda provocar a celos a los de mi sangre, y hacer salvos a algunos de ellos.* **Porque si su exclusión es la reconciliación del mundo, ¿qué será su admisión, sino vida de entre los muertos?** (Romanos 11:11-15).

Nosotros nos estamos beneficiando del rechazo de los judíos. Como creyentes, conectamos con la bendición de Abraham por medio de Jesucristo. Al ser testigos de la bendición y la paz sobre los seguidores de Jesucristo, los judíos sentirían curiosidad e incluso los celos suficientes para hacer que también lo quieran (véase Romanos 10:19). En la actualidad, un gran número de judíos está acudiendo a la fe y recibiendo a Jesús el Cristo como su Mesías.

Y hay más. La tribu de Leví era exclusivamente el orden del sacerdocio. Ese papel no se mezclaba con la posición de gobernar... no hasta que Jesucristo vino. El Señor Jesucristo no es solamente un Rey sino también un Sacerdote. Nosotros, como sus seguidores, recibimos el mismo honor y privilegio de ser reyes y sacerdotes con Jesús (véase Apocalipsis 1:5-6). Por tanto, por medio de la tribu de Judá, hemos entrado en el sacerdocio como un nuevo orden. Esta revelación puede hacer que la persona cambie de lado del monte y comience la bendición.

*Mío es Galaad, mío es Manasés, y Efraín es la fortaleza de mi cabeza; **Judá es mi legislador*** (Salmos 108:8).

Dios está interesado en cada área de nuestras vidas. Se interesa por quienes gobiernan y por quienes son gobernados. Al final, justicia fluirá de Judá. Si queremos justicia, bendecimos a las personas en autoridad, incluyendo jueces, policías y otros. Surgen oportunidades diariamente para que practiquemos este derecho tribal a bendecir, como mi reciente encuentro con un oficial de policía.

Mientras iba conduciendo de regreso de Houston, Texas, estaba ocupado hablando por teléfono celular cuando un auto de policía me indicó que me apartase a un lado.

Al haber comprendido ahora la importancia de la bendición, mi esposa y yo comenzamos a bendecir a ese oficial mientras deteníamos el vehículo. Yo sabía que no llevaba exceso de velocidad en ese momento. El policía se acercó a mi vehículo y dijo: "No lleva matrícula en la parte delantera de su vehículo".

Yo respondí: "Sí, señor. He traído este vehículo de Louisiana".

"Bien, en Texas somos un estado con dos matrículas".

Yo me disculpé. "Bien, no sabía eso".

"¿De dónde vienen?".

"Houston".

"¿Qué están haciendo aquí?".

Yo respondí con entusiasmo: "Yo estuve ministrando en un seminario para pastores".

Él me miró rápidamente y entonces preguntó: "Bien, ¿y cómo fue?".

Yo dije: "Muy bien". Él me hizo una advertencia y regresó a su auto. Mi esposa y yo continuamos proclamando bendiciones sobre él mientras se iba. No hay garantía alguna de que bendecir a la policía le libre de una multa, pero sí ayuda a la actitud hacia quienes tienen autoridad. Después de todo, somos de la tribu de bendición.

Ser parte de la tribu de bendición produce favor. Por ejemplo, un miembro de mi iglesia había comprado un terreno en un buen lugar con la intención de construir casas multifamiliares. Habló con el ayuntamiento y obtuvo el permiso preliminar para comenzar a construir. Puso los bloques de hormigón y comenzó; entonces se enteró de que la ciudad no iba a llevar los servicios públicos hasta la propiedad. Ellos seguían negándose, aunque él ya había avanzado tanto que no podía detener la construcción. Después de mucho debate con respecto a por qué le habían dado los permisos iniciales para comenzar a construir y después negarse a proporcionar servicios públicos, parecía que estaban en punto muerto.

Por frustrado que estaba, él decidió intentar bendecir a las personas que estaban a cargo. Después de derramar bendición sobre la situación, él estaba decidido a intentarlo de nuevo. Esta vez, actuaron como si nadie le hubiera dicho no a él. Él dijo que era extraño porque ellos no podían entender por qué había recibido una negativa la primera vez. Él atribuye ese cambio de 180 grados al favor que llega con la bendición.

¿Está usted arando algún terreno duro últimamente con familiares o personas que tienen autoridad? Piense en cómo le gustaría que alguien le bendijera a usted, y entonces declare esa misma bendición sobre aquellas personas que están en contra de usted.

> *Porque los magistrados no están para infundir temor al que hace el bien, sino al malo...* (Romanos 13:3).

> *... porque no hay autoridad sino de parte de Dios, y las que hay, por Dios han sido establecidas* (Romanos 13:1).

Cuando el apóstol Pablo escribió estas palabras, la ocupación romana seguía controlando la nación hebrea. Parece difícil a veces ser capaz de bendecir a quienes tienen autoridad y son crueles e inmisericordes. Pero honrar y bendecir a quien no merecen la bendición no es el asunto; se trata de honrar al Señor quien ha honrado la posición de liderazgo que ellos ocupan. Aunque toda autoridad proviene de Dios, no todos los líderes y gobernantes se comportan de manera piadosa. Recuerde que la bendición no se trata de las circunstancias momentáneas; sin embargo, al declarar las intenciones de Dios, eso libera el potencial profético para que algo cambie.

ORACIÓN

Padre, te doy gracias por el poder de Cristo que opera en nosotros y por medio de nosotros.

Permanecemos en el nombre familiar y en un nombre dado por Cristo mediante el Espíritu del Señor. Escogemos permanecer en el monte de la bendición. Estamos para bendecir y proclamar sobre nuestra nación y nuestras familias, declarando en la tierra que Estados Unidos de América es una nación bajo Dios. Bendecimos al Presidente, al gabinete y a quienes tienen diversas afiliaciones políticas. Te damos gracias, Dios, por el poder de gracia que opera mediante la tribu de bendición.

Nos negamos a vivir en el monte de la maldición. Derrotamos toda maldición con una bendición. Te damos gracias, Señor, porque hemos sido injertados, nacidos del espíritu de Cristo y nacidos en la tribu de bendición.

Capítulo doce

❧

Nadie lo vio

LA BENDICIÓN ES un medio para confrontar problemas en nuestra vida que son debilidades. Muchos de nosotros tenemos cosas que intentamos rodear en lugar de vencer. Cuatro veces en Apocalipsis 2 se utiliza el término *venciere*. Por ejemplo, en Apocalipsis 2:7 dice: *"Al que venciere, le daré a comer del árbol de la vida, el cual está en medio del paraíso de Dios"*.

"Vencer" es lo contrario de "soportar" o "someterse". Hay una gran recompensa para aquellos que vencen. Es la manera de Dios de introducir y aumentar autoridad y madurez en nuestra vida. En los tiempos de los reyes, en la cultura del Oriente Medio, los reyes salían a la guerra para obtener territorio y superioridad. Obtener riqueza y botín se realizaba mediante la conquista de un rey rival. Cuando un rey conquistaba una ciudad o a otro rey, recorrían las calles poniéndose en su propia cabeza la corona del rey derrotado, declarando que había un nuevo sheriff en la ciudad. Era un espectáculo de obtener autoridad al haber vencido a un enemigo. En Apocalipsis está el relato de quienes ponen sus coronas (plural) delante del trono de Dios. Esta es puramente mi suposición, pero me pregunto: ¿Dónde consiguieron esas coronas? ¿Podrían ser las conquistas que ganaron las subsiguientes coronas de esas victorias? Cuando los individuos vencen una adicción, yo creo que tienen autoridad sobre el enemigo.

En lugar de utilizar medios creativos para evitar la confrontación con nuestras debilidades, ¿por qué no vencer y obtener nueva libertad juntamente con mayor autoridad? Bendecir su mente para tener la mente de Cristo de modo que pueda vencer es un comienzo. Hemos hablado mucho sobre bendecir a otros; deberíamos también considerar bendecirnos a nosotros mismos. Declare sobre usted mismo que es un hijo de Dios que no carece de nada y que verá días buenos en la tierra de los vivientes. Bendecir lo que es débil en usted al proclamar las intenciones de Dios proporcionará oportunidades para ser libre. Ese obstáculo no está ahí para evitar que tenga éxito, está ahí como una oportunidad de conquista para obtener el botín.

Yo tuve una oportunidad parecida que intentaba evitar como si fuera una plaga. Eran los funerales. No estaban en mi lista de cosas a las que me gusta asistir o hacer cuando era un joven pastor que acababa de comenzar en el ministerio, principalmente debido a mi inexperiencia. Cuando comencé la iglesia, pensaba que tenía un acuerdo con Dios de que haría cualquier cosa que Él me pidiera hacer si tan sólo podía librarme de oficiar funerales. Cuando era niño me espantaba la muerte. Mis hermanos más mayores se ocupaban de que yo escuchara lo suficiente sus palabras sobre cuerpos muertos y ser enterrado vivo. Ya sabe, las bromas infantiles a las que tenemos temor; las cosas de demasiado suspenso como las películas de Alfred Hitchcock.

Después de estar en mi primer pastorado al este de Texas durante algunos meses, supongo que debía suceder. Dios me estaba preparando para confrontar mi fobia. Me pidieron que realizase un funeral. Al no haber oficiado ningún funeral anteriormente (había dicho unas palabras de despedida una vez) y al ser el nuevo en la ciudad, estaban en cierto modo nervioso. Mi disgusto por los funerales se añadía a esa incomodidad (había asistido a un funeral por primera vez cuando tenía veinte años). Para complicar las cosas, apenas conocía a la familia y nunca antes había visto a la persona fallecida. Consciente del modo en que la gente observaba todo lo que yo hacía porque era nuevo, quería hacer un buen trabajo. Afortunadamente, el servicio en la capilla fue bien, y sentí un gran alivio.

Poco después llegó el momento en que tuvimos que ir hasta el cementerio. Como pastor oficiante, lo acostumbrado era que yo fuese con el director del funeral en el auto principal. El problema es que el auto principal era el coche fúnebre. Yo no sólo estaba incómodo por tratar con la muerte, sino que estaba encerrado en un vehículo que se movía y que llevaba un cuerpo muerto. ¡Cómo me gustaría haber podido ir en cualquier otro vehículo menos en el coche fúnebre!

Pensé: "Oh Dios, ¿Y si tú decides resucitar hoy a este hombre que va a mis espaldas?". Me consolé con la idea de que seguramente yo abriría una nueva puerta en el auto. Mientras conducíamos, el director del funeral me preguntó si había realizado antes un funeral en el campo.

Yo respondí: "Nunca antes he oficiado un funeral, y mucho menos en el campo. No tengo ningún modo particular de hacerlo. ¿Qué hago?".

Él me explicó: "Lo único en un funeral en el campo es que al final del servicio en el cementerio, usted se quita la flor que lleva en el ojal y la pone sobre la tapa del ataúd. Se aleja de él, y así es como sabemos que el servicio ha terminado. Entonces los amigos harán lo mismo". Sonaba sencillo, nada del otro mundo.

Yo dije: "Bueno, puedo manejar eso". Cuando llegamos al cementerio, el director del funeral me advirtió: "A propósito, sí tenga cuidado porque este es un cementerio rural y tendremos que transportar el ataúd probablemente casi cien metros".

Yo pensé que no había problema, porque yo no era una de las personas que lo llevaban; los otros eran quienes aguantaban el peso. Al sentirme en cierto modo aliviado porque todo iba según lo planeado, procedí a ocupar un lugar a la cabeza de la tumba con el ataúd en su lugar. Después de ser muy elocuente utilizando Corintios 15 como mi texto para las palabras finales, me preparaba para el aterrizaje; tenía a la vista el final.

De repente, me di cuenta de que la flor de mi ojal no iba a permanecer sobre la tapa suavemente curvada del ataúd. Si la flor de mi ojal se caía cuando yo la pusiera sobre el ataúd, no habría modo de que la familia supiera que habíamos terminado. Sé que suena extraño, pero no quería ser yo quien causara más tristeza a la familia con una flor que se cayera.

Enseguida pensé (con la mente de ingeniería que tengo) que si podía situar la flor de mi ojal cerca del gran ramo de flores que estaba en medio del ataúd, allí se quedaría. Las personas seguían con sus cabezas agachadas y sus ojos cerrados, mientras yo expresaba la oración, orando como un fariseo a la vez que empujaba la flor de mi ojal para que estuviera más cerca y conectara con el final de ese ramo. Yo la empujaba hasta que estuvo a unos tres o cuatro centímetros y ya no llegaba más con mi brazo.

De repente, sucedió algo. Yo pensé que había habido un terremoto, porque la tierra se abrió debajo de mis pies y me tragó, y yo estaba mirando desde el fondo de la tumba. La tierra que estaba cercana al borde de la tumba era arenosa y cedió, dejándome suspendido con uno de mis codos apoyándose en la plataforma (que sostiene el ataúd por encima de la tumba) y el otro agarrándose al terreno que había quedado intacto. Era pleno verano y yo llevaba un traje de poliéster de tres piezas, ¡la vestimenta del día! Y allí estaba yo colgado, con calor y polvo, mientras me balanceaba preguntándome: *¿Cómo voy a salir de esto?*

Todo ese tiempo seguía haciendo la oración final, sabiendo que si dejaba de orar, todos abrirían sus ojos y verían el desastre. Después de lo que me pareció una eternidad y varios intentos de salir, eché una de mis piernas hacia atrás y me impulsé hacia arriba (al estar en mejor forma en aquellos tiempos). Pude elevarme y salir del agujero.

Me sitúe detrás del ataúd y dije: "Amén". El director del funeral se acercó a mí y dijo: "Pastor, yo vi lo que sucedió, pero no supe qué hacer porque me enseñaron a no interrumpir mientras la oración continúa. Pero debo elogiarle por una buena recuperación".

Pensando en que yo había arruinado aquel tiempo especial para aquella familia, me sentí muy mal. Pero no había nada que yo pudiera hacer para cambiarlo, porque las personas se acercaban ya para saludarme. Estaban genuinamente agradecidas y me dijeron cosas agradables. Nadie dijo nada sobre lo que había sucedido. Pronto me pareció que ni una sola persona había visto que yo me había caído, a excepción del director del funeral.

En mi corazón pregunté al Señor: "Oh Dios, ¿va a ser siempre así de difícil?".

Y le oí decirme: "Mientras camines conmigo, yo te cubriré en los momentos de tu vulnerabilidad".

AL DESCUBIERTO

Éxito evasivo, promesas no cumplidas y esperanzas hechas pedazos parecen ser lo que les toca en la vida. Esos son los patrones negativos que funcionan en algunas de las vidas con las que ocasionalmente me encuentro. Con mucha frecuencia, sucede algo que sabotea sus expectativas; como resultado, ellos se retiran y son renuentes a creer ya nada. Las expectativas disminuidas se convierten en la protección contra tales desengaños.

¿Qué causa que la bondad esperada sea saboteada? Creo que esas causas están arraigadas en los asuntos de la cobertura y el amor. Obviamente, no todos los sucesos negativos que salen a nuestro camino están relacionados con estar bajo una maldición. A veces, las malas decisiones tienen su manera de hacernos sentir malditos, pero no me refiero a ese tipo de problemas. Hay algunos que no pueden encontrar ningún alivio ni favor en su vida. Yo no soy de las personas que culpan al diablo de todos los desengaños en la vida, pero sí creo que hay personas que puede que no sean conscientes de la opresión generacional que llega mediante una maldición.

Como el gorrión en su vagar, y como la golondrina en su vuelo, así la maldición nunca vendrá sin causa (Proverbios 26:2).

Recuerde mi definición de maldición: situar algo en una posición menor de la que Dios quiso. Es seguro decir que una persona no se sitúa bajo una maldición casualmente o fácilmente. Para alguien que es un creyente nacido de nuevo, una maldición debe tener una causa para producir cualquier efecto. Alguien que le maldiga no es suficiente; tiene que haber un punto de aceptación mediante una puerta abierta. Ese camino podría ser el acuerdo mediante maldecir también a otros, o quizá mediante el temor a que la maldición tenga poder sobre usted.

Hay maldiciones que llegan debido a familiares, como un padre o un abuelo que son parte de sectas que hacen juramentos contra sus propios cuerpos y los hijos de sus hijos. Por ejemplo, la masonería utiliza grados de juramentos que pueden parecer inofensivos aparentemente, pero cuando uno lee los juramentos que afectan a su posteridad son cualquier cosa menos inofensivos. Esos juramentos normalmente no son conocidos por parte de los familiares, de modo que sería importante saber si usted ha tenido algún familiar cercano involucrado en la masonería. Para más información sobre la masonería y sus efectos en las familias, visite www.jubilee. org.nz y siga el vínculo a las oraciones. Yo he sido testigo de primera mano de libertad y mayor favor cuando la maldición de la masonería es revertida mediante la bendición.

LA MALDICIÓN DE UN PADRE

Acompáñeme en el relato bíblico de una familia en la que el asunto de la cobertura afectó a las generaciones posteriores.

*Después comenzó **Noé** a labrar la tierra, y plantó una viña; y bebió del vino, y se embriagó, y estaba **descubierto** en medio de su tienda. Y **Cam**, padre de Canaán, **vio la desnudez de su padre, y lo dijo a sus dos hermanos que estaban afuera**. Entonces **Sem y Jafet tomaron la ropa**, y la pusieron sobre sus propios hombros, y andando hacia atrás, **cubrieron la desnudez de su padre, teniendo vueltos sus rostros, y así no vieron la desnudez de su padre*** (Génesis 9:20.23).

Noé comenzó a reconstruir la vida en la tierra. Plantó una viña, también otro comienzo registrado en la Biblia. Disfrutar del fruto era satisfactorio hasta que Noé bebió demasiado vino y se desmayó en su tienda, desnudo. Por allí pasó Cam y vio a su padre desnudo. Sin tener conciencia de que estaba poniendo en movimiento consecuencias desafortunadas para su linaje, Cam descubrió aún más a su padre al decírselo a sus dos hermanos. Sus hermanos hicieron lo honorable y cubrieron la desnudez de su padre inmediatamente. Nadie más necesitaba ver a Noé en su momento vulnerable.

Cuando estuvo sereno, Noé descubrió lo que Cam había hecho, y Noé maldijo a Canaán, el hijo de Cam, diciendo: "*Maldito sea Canaán; siervo de siervos será a sus hermanos*" (Génesis 9:25). Notemos que fue el hijo de Cam quien recibió la maldición, y la maldición le situó por debajo de incluso un sirviente para servir a sus hermanos. Noé bendijo a los dos hermanos por su honor al cubrir a su padre, diciendo:

> *Bendito por Jehová mi Dios sea Sem, y sea Canaán su siervo. Engrandezca Dios a Jafet, y habite en las tiendas de Sem, y sea Canaán su siervo* (Génesis 9:26-27).

Dejar al descubierto a alguien es un asunto serio ante los ojos de Dios. El pecado de Cam no fue el de ser testigo de la desnudez de su padre sino el de contar lo que vio. Fácilmente podría haber cubierto la desnudez de su padre al igual que hicieron sus hermanos cuando se enteraron. Cam también violó un principio espiritual. Menospreciar a un padre, un dignatario o cualquiera que ocupe un lugar de autoridad haciendo que esa persona parezca necia o se vea tonta sitúa a quienes reciben la burla en una posición más baja. Cam estaba despreciando a Noé y haciéndole parecer más bajo de lo que Dios quería que fuese.

Quienes expresan la maldición puede que no entiendan que se están situando a sí mismos en el lugar del maldecido. Recuerde que Jesús vino a librar y a defender a aquellos que están bajo una maldición. Alguien que deliberadamente maldice por diversión se encontrará él mismo en oposición a la cruz. El acto de Cam le situó en una posición maldecida y produjo una maldición sobre su linaje.

La causa que produjo la maldición para la familia de Cam fue su propia deshonra de aquel que tenía autoridad sobre su vida. Por tanto, ¿cuándo es murmuración contar algo y cuándo no lo es? El aguijón de la murmuración es exponer a alguien con el propósito de alejar de esa persona los corazones de otros. Uno no puede ser acusado de murmuración si escoge bendecir como manera de hacer cambiar la situación para bien. Si su deseo es cambiar la situación por otro motivo que no sea el bien, entonces el motivo no podría provenir de un corazón de bendición. Informar a alguien que entonces tiene la capacidad y la autoridad para ayudar en la situación para bien: esto es diferente.

Si alguno viere a su hermano cometer pecado que no sea de muerte, pedirá, y Dios le dará vida... (1 Juan 5:16).

Juan nos alienta a pedir a Dios por la persona que se está desviando en lugar de hablar a otros de su fracaso. Las decisiones que tomemos como padre abrirán o cerraran las puertas a la maldición. Un padre que camina delante del Señor de manera recta libera la bendición del Señor hasta la tercera y cuarta generación. Si un padre es maldecido descubriremos que se transmitió, como en el caso de Caín (véase Éxodo 20:5). Acudir al Señor, sin embargo, revierte la maldición y establece el favor del Señor.

Hay un fuerte denominador común en toda la Escritura acerca de la necesidad de tener mentores y padres espirituales en nuestras vidas. Tener mentores piadosos y padres espirituales puede producir una sana y adecuada perspectiva de la autoridad.

Recuerde: los hermanos que cubrieron a su padre Noé no sólo fueron bendecidos, sino también lo fue su descendencia durante generaciones. Ni ellos ni su hermano Cam imaginaron nunca que sus actos de cubrir o descubrir conducirían a efectos tan drásticos que cambiarían a sus familias durante generaciones. Notemos que el maldecidor se convirtió en el maldecido y el bendecidor se convirtió en el bendecido. Quien cubrió y finalmente fue bendecido fue también quien se convirtió en amo de quien dejó al descubierto o maldijo.

En el capítulo siguiente se nos presenta brevemente a Nimrod, un nieto de Cam y alguien a quien la Biblia llamó *"vigoroso cazador delante de Jehová"* (Génesis 10:9). Nimrod construyó Babel. ¿Le resulta familiar eso? Sinar era todo el imperio babilonio; actualmente, lo llamaríamos Iraq, Irán y parte de Arabia Saudita. Todos los otros hijos de Noé habitaron las otras partes de Oriente Medio, Canaán y Gaza. Eran pastores. Existe una gran diferencia entre el corazón de un pastor y el de un cazador. Un pastor tiene un corazón que se interesa. Se hace referencia tanto a David como a Jesús como a pastores. David fue pastor de ovejas y Jesús fue el Pastor espiritual de aquellos perdidos mediante el pecado. Un cazador sigue a su presa mediante la astucia y el camuflaje. Vale la pena notar el contraste entre aquellos tres hermanos. Sus vidas adoptaron perspectivas y naturalezas diferentes después del acontecimiento de cubrir, o en el caso de Cam de descubrir, la desnudez de su padre, lo cual produjo una bendición o una maldición.

Volvamos a un acontecimiento celestial en el que Lucifer, un ángel creado para ser una cubierta, se convirtió en el que saca a la luz. Fue el primer acto de rebelión contra la autoridad.

*En Edén, en el huerto de Dios estuviste; **de toda piedra preciosa era tu vestidura;** de cornerina, topacio, jaspe, crisólito, berilo y ónice; de zafiro, carbunclo, esmeralda y oro; los primores de tus tamboriles y flautas estuvieron preparados para ti en el día de tu creación. Tú, querubín grande, **protector,** yo te puse en el santo monte de Dios, allí estuviste; en medio de las piedras de fuego te paseabas. Perfecto eras en todos tus caminos desde el día que fuiste creado, **hasta que se halló en ti maldad.** A causa de la multitud de tus contrataciones fuiste lleno de iniquidad, y pecaste; por lo que yo te eché del monte de Dios, y te arrojé de entre las piedras del fuego, oh **querubín protector** (Ezequiel 28:13-16).*

Lucifer fue el ángel creado para supervisar las vistas y los sonidos del cielo. Tenía incorporadas piedras preciosas e instrumentos; ¡era literalmente una hermosa orquesta andante! Pocos ángeles tenían el privilegio de entrar en el salón del trono de Dios, y Lucifer era uno de ellos. Su tarea era cubrir y liberar la presencia de Dios y dirigir a las huestes angelicales en la adoración de Dios. Pero algo oscuro se cernía en los rincones de su corazón que le corrompió. Lucifer quiso ser aquel que era adorado. Finalmente, eso le condujo a conspirar, y con una tercera parte de los ángeles hizo guerra contra Dios, el Creador mismo. Aquel día pasó de ser un querubín protector a ser uno que saca a la luz. Exponer y descubrir a los santos delante del Señor se convirtió en su nueva especialidad. El ángel caído se había convertido en el diablo y el *"acusador de los hermanos"*.

Sin embargo, Dios, que se propone cubrir y bendecir, nos envió a Aquel que verdaderamente cubre: su Hijo Jesucristo. La sangre derramada de Jesús se convirtió en la cubierta y la limpieza para el pecado. La sangre de Jesús, puesta sobre el propiciatorio en el cielo, no solamente nos cubrió sino que también nos limpió. El diablo hará cualquier cosa para introducirnos a la maldición. Al trabajar contra una relación, el enemigo intenta debilitar esos vínculos tentándonos a descubrirnos los unos a los otros. Todo el mundo necesitará la cubierta de la gracia de Dios en algún momento en la vida.

ESPOSOS, AMEN A SUS ESPOSAS

Nada cubre como el amor. Me estoy refiriendo al tipo de amor que cubre multitud de pecados: el tipo de amor *ágape*. Este tipo de amor es un espíritu, porque la Biblia nos dice que Dios es amor y que Dios es espíritu. Sin el tipo de amor de Dios en la tierra, habría anarquía hasta el punto en que no habría autocontrol de ningún tipo. La humanidad dejada a su suerte es destructiva y muy autocomplaciente. El amor no es un sentimiento o una emoción. El amor de Dios es constante y no está basado en si lo merecemos o no. Su amor no hace acepción de personas y está dispuesto a entregar su vida por aquellos que no son puros en su amor.

*Y ante todo, tened entre vosotros ferviente amor; porque **el amor cubrirá multitud de pecados*** (1 Pedro 4:8).

La palabra *ferviente* aquí significa sin cesar.[1] Debemos amar con ese tipo de intensidad. La mediocridad, el enemigo de la excelencia, obtiene una puerta abierta para entrar cuando no amamos fervientemente. Yo creo que la mediocridad puede ser una maldición que es atrapada como la gripe proveniente de otro familiar. Las relaciones requieren trabajo y tiempo, y el descuido de tales relaciones lentamente las erosionará hasta que nos quedamos preguntándonos qué salió mal.

Un matrimonio es el cuadro perfecto del modo en que Jesús cuida de su novia, la Iglesia. El pacto del Nuevo Testamento se practica mediante este misterio del amor. Lo que hace funcionar este misterio es que alguien esté dispuesto a morir a su propia voluntad o egoísmo. El matrimonio es el acto más desprendido que llevaremos a cabo jamás. Requiere pensamiento y actos deliberados, y ser más consciente de las necesidades y el bienestar de la persona querida que de los propios.

*Maridos, amad a vuestras mujeres, así como Cristo amó a la iglesia, y se entregó a sí mismo por ella, para santificarla, habiéndola **purificado en el lavamiento del agua por la palabra*** (Efesios 5:25-26).

Es importante observar cómo limpia Jesús a su Esposa. Lo hace purificándola con su Palabra. El poder de sus palabras purifica los efectos de todo lo demás. Cuando un cónyuge es herido por un compañero de trabajo o quizá un amigo, no hay nada más potente que las palabras de bendición que salen de un esposo o una esposa. Un esposo que bendice a su esposa fortalece las cuerdas del pacto matrimonial. El poder de la bendición es el poder del amor. Dios amó tanto que entregó a su Hijo para bendecir a la Iglesia. *Hombres, tenemos el tipo de esposa a la que bendecimos o tenemos el tipo de esposa a la que maldecimos.*

Esa frase se planteó muy claramente en un encuentro que tuve con un hombre en Houston. Fue justamente después del servicio, y yo tenía prisa por salir para mi próxima cita. El pastor de la iglesia, John Parks, pidió que hablase con un hombre que estaba molesto. Yo le dije que no tenía mucho tiempo, pero le daría algunos minutos. Ninguno de los dos conocíamos al hombre, pero él comenzó diciendo que su esposa estaba en la oficina del abogado en ese momento pidiendo el divorcio. Explicó que él había estado trabajando en Iraq como contratista civil; enseguida nos dijo lo poco agradecida que era ella, y que estar lejos durante largos períodos de tiempo era la única manera en que podía soportarla. Hizo las normales acusaciones y culpabilidad.

Yo le detuve y dije: "Señor, usted es un maldecidor, y su matrimonio refleja el tipo de esposa a la que usted ha estado maldiciendo".

Él se enojó por esa frase y me dijo que había estudiado diversas artes marciales y que podía acorralarme contra la pared solamente utilizando su mente.

Yo concluí diciendo: "Tengo que irme, pero aquí están algunos CD que le ayudarán". Le di la serie sobre el poder de la bendición y me fui.

Tuve la oportunidad de estar en Houston al mes siguiente, y para sorpresa mía, aquel mismo hombre se acercó a mí y me dijo: ";Se acuerda de mí?".

Yo pensé: *Sí. Este es el hombre que quería acorralarme contra la pared con su mente.* Reconocí que sí le recordaba. Esa vez él tenía una sonrisa en su cara, y su expresión era notablemente diferente. De nuevo, mi primer pensamiento fue: *Ha encontrado otra mujer.*

Hizo una indicación a una señora para que se acercase hasta donde estábamos. La rodeó con su brazo y dijo: "Esta es mi esposa durante 28 años".

Yo pregunté: ";Qué ha sucedido desde que le vi la última vez?".

Él dijo: "Escuché con renuencia la enseñanza sobre la bendición. Cuando mi esposa regresó a casa de la oficina del abogado, fui hasta el recibidor y la bendije utilizando parte del lenguaje sugerido en la enseñanza".

Su esposa describió cómo fue. Dijo: "Fue extraño, porque era como si las palabras fuesen tangibles y se movieran en cámara lenta cuando llegaron a mi corazón". Explicó que el sentimiento fue como amor líquido que fluía por su cuerpo. Los dos estaban de acuerdo en que el último mes fue como la luna de miel que nunca habían tenido. Ahora entienden el poder de la bendición que puede convertir un potencial divorcio en un acto de amor. Jesús dijo: *"El espíritu es el que da vida; la carne para nada aprovecha; las palabras que yo os he hablado son espíritu y son vida"* (Juan 6:63). Las limpiadoras palabras de bendición pueden cambiar un corazón que se dirige a la destrucción y llevarlo a la restauración.

El amor no deja al descubierto la vulnerabilidad y la debilidad de los demás. Los matrimonios en la actualidad muestran evidencias de la obra de división del enemigo en el hogar mediante la sutil maldición vestida de humor o sarcasmo. He escuchado a esposos y esposas en varias reuniones sociales utilizar el sarcasmo para ridiculizar el modo de cocinar de su cónyuge o su aspecto, solamente para conseguir unas risas a expensas de su cónyuge. Entiendo que cada uno tiene su propia dinámica en su familia, y este tipo de humor puede ser entendido y aceptado. A lo que me refiero es al tipo que derribo mediante dejar al descubierto una debilidad en otro. Probablemente no se les haya ocurrido que están maldiciendo su propia carne. La unión de un hombre con su esposa es un acuerdo de pacto que debe ser mantenido y protegido. Podemos hacerlo mediante la bendición con la purificación de palabras que llevan vida al corazón.

*Vosotros, maridos, igualmente, vivid con ellas sabiamente, dando honor a la mujer como a vaso más frágil, y como a coherederas de la gracia de la vida, **para que vuestras oraciones no tengan estorbo*** (1 Pedro 3:7).

La palabra "estorbo" en este pasaje es *ekkopto*, que significa "frustrar o derribar".[2] La idea es de alguien que sigue talando un árbol del que espera que salga fruto. Si queremos que el fruto del amor, el gozo y la paz salgan del matrimonio, tenemos que dejar de talar el árbol. En el mismo sentido, la oración es frustrada cuando el esposo está derribando a su esposa a la vez que cree que su oración va a ser respondida.

La sumisión no es un problema cuando el esposo está bendiciendo a su esposa como Cristo lo haría a su novia: la Iglesia. Sumisión significa situarse bajo la misión. Hombres, necesitamos saber cuál es la misión de modo que nuestras esposas puedan situarse bajo la misión. La misión es sencilla: amar al Señor Dios con todo nuestro corazón, mente y fuerzas, y mostrar su voluntad mediante el matrimonio. ¿Qué mujer tendría problemas para vivir bajo esa bandera de amor?

Yo me crié en una familia en la que dejar en evidencia a la esposa era una forma de arte. Las reuniones familiares eran ocasiones para que los hombres se convirtieran en expertos en quién podía derribar a su esposa utilizando el sarcasmo. Cuando mi esposa, Diane, vino a la familia, ella me señaló que eso no es divertido, sino que en cambio es dejar en evidencia a las mujeres en la familia y derribar la confianza que una esposa tiene por su esposo. Ella procedió a explicar la seguridad que una esposa necesita, no sólo la protección física sino también la protección emocional de su esposo. Yo mencioné eso al resto de mi familia, y la maldición cesó debido a que nadie la alimentaban más.

Los esposos que amenazan a sus esposas con abandonarlas o que utilizan el dinero como táctica de chantaje necesitan entender la maldición que puede llegar sobre ellos por el abuso emocional. Sé que algunos pueden estar pensando que todo esto está sobre las espaldas de los hombres. Con respecto al matrimonio, la Biblia habla dos terceras partes más a los hombres que a las mujeres en el Nuevo Testamento.

Cuando hay un ambiente de bendición en el hogar, también los niños estarán en paz y harán lo mismo para honrar a su madre y a su padre. Los niños pueden establecer su futuro aprendiendo a bendecir a sus padres. La Biblia exhorta a los hijos a honrar a su madre y a su padre para que les vaya bien y sean de larga vida sobre la tierra. Este es el primer mandamiento con promesa. Una de las mejores tarjetas que he recibido jamás me la dio mi hijo Kevin. Él escribió: "Gracias por ser un mentor y un amigo. Gracias por ser una roca que es inamovible para mí. Te mantienes fiel a lo que crees sin vacilar a lo largo de los años". Esas palabras significaron todo un mundo para mí. Quiero que mis hijos sepan que no he vacilado desde el primer día en que dije: "Te amo, Jesús". Las palabras de bendición que provienen de sus hijos pueden aumentar su corazón y su capacidad de amar como ninguna otra cosa puede hacerlo. El amor no es solamente una buena idea: se requiere cuando se ministran los dones del Espíritu.

Seguid el amor; y procurad los dones espirituales, pero sobre todo que profeticéis (1 Corintios 14:1).

El apóstol Pablo hace una distinción entre *seguir* y *desear*. Seguir del amor implica esfuerzo; implica que hay pensamiento premeditado y planificación. El deseo, como contraste, es una disposición que está oculta y a la espera de una oportunidad. Seguir implica que esa oportunidad se proporciona cuando el acto del amor se convierte en un paso de fe. La bendición, como el amor, es una decisión de seguir que es planeada, y entonces el deseo se pone a la altura de la búsqueda. Seguir el amor es simplemente seguir las cosas que revelan el carácter del Señor en la relación. La Biblia nos enseña que el amor cubre multitud de pecados. El amor verdaderamente busca cubrir las faltas de los demás.

Hace años, trabajé con un hombre que se deleitaba en contarle al jefe los errores de los demás empleados. Era conocido como un chismoso. Decía quién salía demasiado temprano y cualquier otra infracción que él considerase adecuada para hacer avanzar sus aspiraciones. Un día, él cometió un error en un proyecto y ninguno de los demás empleados dijo ni una sola palabra. En cambio, lo cubrieron y corrigieron su error. De algún modo, el jefe se enteró de eso, y como resultado él perdió su empleo. Su error era pequeño y no era causa para que le despidieran; sin embargo, al sacar a la luz las faltas de los demás, también él fue juzgado con la misma norma que él mismo había establecido. Debido a que él no mostraba misericordia alguna, no le fue dada misericordia alguna cuando la necesitaba.

Este principio de cubrir mediante la bendición fue llevado a cabo con mi hija más pequeña, Kara. Ella se estaba preparando para la primera semana de universidad cuando hubo una creciente confusión en la oficina escolar acerca de su préstamo de estudiantes. De algún modo, el departamento de ayuda financiera en la escuela no había rellenado los documentos adecuados. Kara intentó comunicarse regularmente con el responsable acerca de su situación, pero parecía no estar interesado en resolver el problema. Ella estaba lista para comenzar la escuela, y los préstamos para estudiantes no llegaban. Claramente, la confusión no era culpa de Kara, y comenzó a llegar la culpabilidad. Cuando ya se acababa el tiempo, nos unimos a Kara para bendecir a quienes estaban en la oficina y tenían la autoridad para corregir el problema. Antes de que pasase la semana, su expresión había cambiado y eran muy útiles y se disculpaban. Más adelante, cuando ella regresó, habían descubierto el error y todo el asunto se arregló de inmediato. Ella tuvo los fondos para la escuela justo a tiempo.

Si no somos reactivos a las malas noticias y en cambio somos proactivos con la bendición, las cosas pueden cambiar rápidamente a nuestro favor. Bendiga con la conciencia de que sus palabras son poderosas. La vida y la muerte están en la lengua. Realmente comienzan en el corazón, y de la abundancia del corazón son sembradas. Los cumplidos ambiguos, sin importar lo astutamente que se disfracen, siguen siendo mortales. Aquellos que se acercaron a mí después del desastre en el funeral y tomaron tiempo para expresar su apreciación, arrebataron la derrota de mi corazón y me dieron esperanza para intentarlo de nuevo en el futuro. Yo ya no me sentía como un completo fracaso hasta el punto de querer renunciar al pastorado. Sus palabras de bendición fueron vida para mí. Lo que pudo haber sido un punto de derrota se convirtió en un punto de referencia. Desde aquella vez he oficiado incontables funerales de todo tipo, pero el punto crucial fue la bendición que recibí aquel día. Saber que lo que declaramos adopta vida espiritual debería ser suficiente para hacernos escoger la bendición.

*Y los sacó fuera hasta Betania, y **alzando sus manos, los** **bendijo**. Y aconteció que bendiciéndolos, se separó de ellos, y fue llevado arriba al cielo* (Lucas 24:50-51).

Aquellos fueron los momentos finales de Jesús en la tierra. Con las manos levantadas, Él bendijo a los discípulos. Esa era la manera aarónica o sacerdotal de bendecir. Es interesante notar que el último acto de Jesús en la tierra antes de ascender fue bendecir. Qué manera de irse, poner fin al ministerio con bendición. Yo intento poner fin a cada tiempo de ministerio con una bendición sobre aquellos que han estado escuchando la Palabra. Sellar la enseñanza con una bendición es el apoteosis final.

ORACIÓN

Padre, te doy gracias por lo que estás haciendo y diciéndonos en estos últimos tiempos. Queremos ser una iglesia protectora, una madre y un padre protectores. Queremos ser padres que sepan cómo amar a nuestros hijos. Queremos ser esposos que entiendan cómo cubrir a nuestras esposas. Señor, cualquier área donde no hayamos sido fieles en proteger a otros, te pedimos que nos perdones ahora. Sabemos que tu Palabra declara que un niño que no honra a sus padres acorta su vida. Entendemos y reconocemos que cuando discernimos correctamente el cuerpo del Señor tendremos una vida larga y sana (véase 1 Corintios 11:29-30). Señor, trae a nuestra mente áreas que necesitemos cubrir en bendición. Oramos para que tengamos una nueva norma en nuestra vida. La norma que vamos a tener es: "Te bendigo en el nombre del Señor, y bendigo tu entrada y bendigo tu salida". Oramos para que nuestros hijos y nietos lleven bendición, y que tengan el favor del Señor de parte de sus maestros, jefes y dignatarios.

Señor, oramos para que examines nuestras vidas y veas si hay áreas en las que no hayamos tenido el favor de Dios. Muéstranos áreas donde hayamos saboteado el favor mediante la maldición.

Padre, nos situamos bajo tu cobertura al igual que Rut se situó a los pies de su redentor, y él extendió su manto y la cubrió. Gracias por la cobertura del Señor Jesús, porque cuando el enemigo ve la sangre, tiene que pasar de largo. Tú cubres nuestros hogares y nuestras vidas, por lo cual estamos agradecidos.

Oramos, Señor, para que fluyan palabras de vida y espíritu de los esposos hacia sus esposas. Úngenos, Espíritu Santo, para declarar unos sobre otras palabras que sean creativas.

Apéndice

Muestras de bendiciones

Para cualquier individuo

Le bendigo en el nombre del Señor. Declaro sobre usted que los propósitos del Reino de Dios entran en su familia y en su vida. Declaro la paz de Dios sobre su familia y le libero hacia el favor de Dios y lo mejor de Él. Libero sobre usted el pago y la restitución de Dios que vienen a usted. Lo que el enemigo le robó, que le sea restituido en una mayor dimensión de lo que era antes de irse. Bendigo a sus hijos, para que caminen delante del Señor y en el temor de Él. Que sus hijos se levanten y le llamen bienaventurado. Bendigo sus manos, para que cuando toquen las manos de otras personas, salgan de ellas y de su boca bendiciones.

Bendición para matrimonios
(para que el hombre y su esposa la declaren el uno al otro)

Creo que eres un regalo de Dios, y te recibo como mi compañero/a de pacto. Te bendigo con el gozo del Señor. Te bendigo con la paz de Dios que gobierna en tu corazón. ¡Qué cumplas todo lo que Dios tiene preparado para ti! Te bendigo como a mi propia carne, y todos los días de tu vida serán bendecidos del Señor. Soy honrado por estar casado contigo.

BENDICIÓN PARA PROCLAMAR SOBRE CUALQUIERA

Que los ojos de su entendimiento sean abiertos, y que entre en la plena esperanza del llamamiento del Señor (véase Efesios 1:17). Le bendigo con días buenos y larga vida. ¡Que el favor del Señor esté sobre usted para vivir en la plenitud de su gracia! Que yo pueda ser una bendición para usted y sea capaz de recibir bendición de usted.

PARA LA IGLESIA LOCAL

Señor, bendecimos esta casa de fe. Te damos gracias por la capacidad de bendecir. Escogemos estar en el monte de bendición y declarar la bendición del Señor sobre tu iglesia. Te damos gracias por esta iglesia, por su lugar en la comunidad. Bendecimos esta ciudad, y que podamos ser una luz aquí. Que todo lo que hagamos exprese el amor de Cristo. Que el poder de la bendición llegue mediante nuestras bocas esta semana, en el trabajo, en nuestras familias y con nuestros amigos. Que nuestras manos sean instrumentos de bendición y nuestra boca sea vida. Te damos gracias por el regalo de Dios que nos has dado de bendecir y romper la maldición.

PARA LA IGLESIA LOCAL O FAMILIA

Bendigo esta casa hoy. Les llamo compañeros y coherederos del Reino de Dios. Les llamo a vivir la plenitud del Señor. Les llamo a caminar en la libertad del Espíritu dondequiera que el Espíritu Santo les lleve. Son redimidos de la maldición de la ley pero también redimidos para grandes propósitos en Dios.

PARA FAMILIAS

Les bendigo con la revelación de Cristo y rompo cualquier ciclo generacional repetitivo de sabotaje. Que lleguen a reconocer el potencial de creatividad que Dios ha puesto en ustedes. Han sido trasladados del reino de la oscuridad a la familia de Dios. Que el poder mediante la sangre de Cristo les haga libres de la maldición familiar y de raíz que no fuese plantada en ustedes por su Padre celestial. Declaro el nombre del Hijo de Dios sobre su vida. ¡Que cumplan el destino y el propósito de Dios! Que honren a su padre y a su madre y glorifiquen a Dios aquí en la tierra. Su Padre en los cielos declara bendiciones sobre ustedes. Ustedes son sus hijos e hijas, y tienen una esperanza y un futuro. Su destino está sellado mediante la sangre de Jesús y su redención está pagada al completo. La herencia está preparada para ustedes, y nada les arrebatará de la mano de Él. Vivan bendiciendo lo que Dios ha bendecido, y entrarán en la herencia de su Padre en los cielos.

POR FAVOR

Le bendigo con la influencia del Espíritu de Cristo. Declaro sobre usted que su techo pronto será su piso. Quienes le vean sabrán que el Señor le inunda de favor. Le bendigo con relaciones que le edifiquen y no le derriben. ¡Qué pueda ver más allá en su destino que nunca antes! Le bendigo con la paz de Dios para controlar todo pensamiento, y que el temor de Dios establezca sus pies.

SANIDAD DEL ABUSO EMOCIONAL

Esto es para quienes saben lo que significa que les llamen de todo excepto hijo de Dios. Usted tiene imágenes en su mente y etiquetas que el Espíritu Santo quiere romper de su corazón. Él quiere quitarlas como si fueran notas adhesivas y escribir allí el nombre de Él. El abuso emocional causará cicatrices en su corazón, y por eso usted duda en confiar e involucrarse con otros. Dios quiere liberarle de este obstáculo.

Podría ser usted el abusador y haber utilizado acusaciones y palabras desesperadas para herir. El Señor sanará su memoria de lo que ha tenido lugar cuando usted lea la oración.

ORACIÓN PARA SANIDAD EMOCIONAL

Jesús, apelamos a ti como el Esposo. Ven como un esposo amoroso y muéstranos lo que significa bendecir y no maldecir. Tú nos has demostrado tu amor tanto porque entregaste tu vida. Ven y ministra sanidad a cada esposa, esposo o joven que haya recibido abuso verbal. Sana los corazones donde haya heridas del pasado. Libero la virtud salvadora del Señor para que entre en el lugar de la herida. Que su sueño sea reparador y sin temor al terror nocturno. Amén.

NOTAS

CAPÍTULO 1

1. Biblesoft's New Exhaustive Strong's Numbers and Concordance with Expanded Greek-Hebrew Dictionary. CD-ROM. Biblesoft, Inc. and International Bible Translators, Inc., s.v. *kaleo* (NT 2564).

2. Strong's s.v. *barak* (1288).

3. Strong's s.v. *eulogia* (2127).

4. Strong's s.v. *miseo* (3404).

5. Strong's s.v. *poleo* (4160).

CAPÍTULO 2

1. Bibliosoft's New Exhaustive Strong's Numbers and Concordance with Expanded Greek-Hebrew Dictionary. CD-ROM. Biblesoft, Inc. and International Bible Translators, Inc., s.v. *yawad* (NT 3259).

CAPÍTULO 4

1. Biblesoft's New Exhaustive Strong's Numbers and Concordance with Expanded Greek-Hebrew Dictionary. CD-ROM. Biblesoft, Inc. and International Bible Translators, Inc., s.v. *pneumas* (NT 4151).

CAPÍTULO 5

1. Biblesoft's New Exhaustive Strong's Numbers and Concordance with Expanded Greek-Hebrew Dictionary. CD-ROM. Biblesoft, Inc. and International Bible Translators, Inc. (5319). Luchar significa batallar con o debatir. La referencia a la luz estaba relacionada con el ángel con el que luchaba por su engaño. El Ángel representaba la luz o la verdad. También, Jabbok (AT 2999).

2. Strong's, *potamós* (4215).

CAPÍTULO 6

1. Biblesoft's New Exhaustive Strong's Numbers and Concordance with Expanded Greek-Hebrew Dictionary. CD-ROM. Biblesoft, Inc. and International Bible Translators, Inc. (3306), *logos* (3056), *rhema* (4487).

Batallar significa luchar con o debatir. La referencia a la luz estaba relacionada con el ángel con el cual él estaba batallando por su engaño. El ángel representaba la luz o la verdad. También, Jaboc (OT 2999).

2. Strong's 7363.

CAPÍTULO 7

1. Biblesoft's New Exhaustive Strong's Numbers and Concordance with Expanded Greek-Hebrew Dictionary. CD-ROM. Biblesoft, Inc. and International Bible Translators, Inc., *biadzo* (971).

CAPÍTULO 8

1. Biblesoft's New Exhaustive Strong's Numbers and Concordance with Expanded Greek-Hebrew Dictionary. CD-ROM. Biblesoft, Inc. and International Bible Translators, Inc., *tsavah* (6680).

2. Strong's, *pletho* (4130).

3. Strong's, *alethia* (225).

CAPÍTULO 9

1. Biblesoft's New Exhaustive Strong's Numbers and Concordance with Expanded Greek-Hebrew Dictionary. CD-ROM. Biblesoft, Inc. and International Bible Translators, Inc., *topos* (5117).

2. Strong's, *marturia* (3141).

CAPÍTULO 10

1. Biblesoft's New Exhaustive Strong's Numbers and Concordance with Expanded Greek-Hebrew Dictionary. CD-ROM. Biblesoft, Inc. and International Bible Translators, Inc., *eulogia* (5117).

2. Strong's, *parakletos* (3875).

CAPÍTULO 12

1. Biblesoft's New Exhaustive Strong's Numbers and Concordance with Expanded Greek-Hebrew Dictionary. CD-ROM. Biblesoft, Inc. and International Bible Translators, Inc. (1618).

2. Strong's, *ekkopto* (1581).

**Se puede contactar con el
pastor Kerry Kirkwood por:**

E-mail: kerry@trinityfellowship.com
Página web: www.trinityfellowship.com